빛의 아버지

아인슈타인

빛의 아버지

아인슈타인

한지혜 지음

자음과모음

차례

호기심이 낳은 천재 과학자

가난 속에서 이어 간 연구의 열정

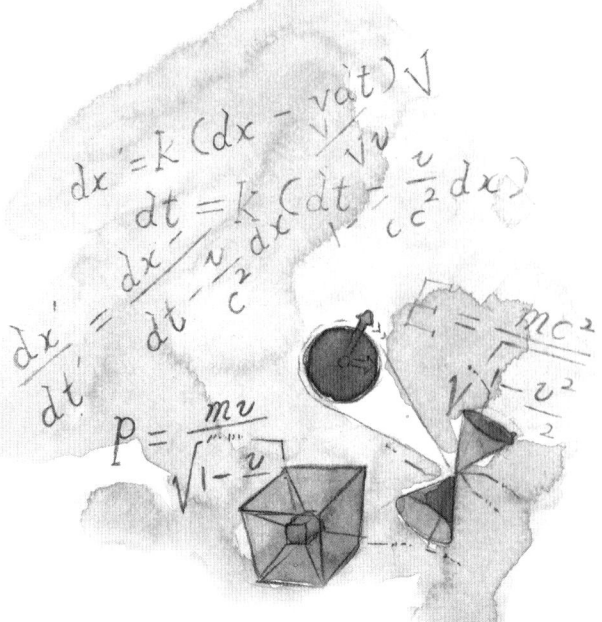

1장

호기심이 낳은 천재 과학자

호기심 많던 어린 시절

한 소년이 창가에 서서 밖을 내다보고 있다. 청명한 하늘이 온 세상을 투명하게 감싼다. 물 위에서는 어미 오리가 새끼들과 무리를 지어 한가로이 헤엄을 치고, 어디에선가 쉴 새 없이 새들이 지저귄다.

시냇물에 부딪힌 햇살이 사방으로 퍼진다. 나뭇잎 사이를 지나며 갈래갈래 찢어진 햇살의 파편이 소년의 눈을 찔렀다. 그 순간 소년은 자신의 삶에 찾아온 두 번째 경이로움을 맞이했다. 오래전 네다섯 살이었을 무렵 아버지로부터 선물 받은 나침반을 보고 느꼈던 첫 번째 경이로움이 다시금 소년의 머릿속에 떠올랐다. 이번에 소년을 사로잡은 것은 빛이었다.

'빛을 타고 날아가면 어떻게 될까? 빛의 속도로 달린다면 사물은

어떻게 보일까?'

소년은 그 물음에 대한 해답을 찾을 수 없었다. 하지만 이후로 10년 동안 소년의 머릿속에서 그 생각은 떠나지 않았다.

창가의 소년이 가진 빛에 대한 의문은 훗날 '상대성 이론'이라는 이름의 논문으로 발표되어 온 세상을 깜짝 놀라게 만든다. 소년의 이름은 알베르트 아인슈타인이었다.

아인슈타인이 발표한 특수 상대성 이론은 과학 분야에만 한정시킬 수 없는 혁명적인 생각이었다. 1500년 동안 이어져 온 프톨레마이어스의 우주관이 아이작 뉴턴의 역학에 의해 붕괴되었듯이 250여 년 동안 인간의 사고를 지배했던 뉴턴의 우주는 다시금 아인슈타인에 의해 송두리째 뒤흔들렸다.

인류가 탄생한 이후로 굳게 믿어 온 시간과 공간에 대한 개념도 상대성 이론에 의해 큰 타격을 입었다. 철학, 문학, 미술, 음악, 무용도 상대성 이론의 파장으로부터 자유로울 수 없었다. 한마디로 상대성 이론은 기존의 사고체계와 질서를 무너뜨리고 새로운 세계관과 우주관을 정립하도록 만든 폭풍이었다.

아인슈타인의 상대성 이론은 시간이 갈수록 더욱 빛을 발하고 있다. 디지털 카메라에서부터 우주를 떠돌아다니는 인공위성에 이르기까지 눈부신 과학 기술이 집약된 첨단 기계의 대부분은 상대성 이론에 의존하고 있다. 혹자는 20세기가 아인슈타인에게 빛을

지고 있다는 말을 하기도 한다. 하지만 더욱 놀라운 점은 아인슈타인의 이론들이 이 세상의 자연법칙을 설명하고 있으며, 우주의 팽창과 탄생까지도 담고 있다는 것이다.

알베르트 아인슈타인은 1879년 3월 14일 독일의 남부 도시 울름에서 유대인 가정의 장남으로 태어났다.

아버지 헤르만 아인슈타인은 수학에 남다른 재능을 가진 사업가였다. 헤르만은 발전기를 생산하는 전기화학 공장을 운영했다. 그는 수학 외에도 당시 눈부신 발전을 거듭하던 과학 기술에 큰 관심을 가지고 있었다. 어린 아인슈타인은 공장과 집안 곳곳에 놓여 있는 전기장치와 기계장치 속에서 자라며 자연스럽게 과학에 눈을 떴다.

어머니인 파울리네는 평범한 가정주부였지만, 남편이 새로운 사업을 하도록 독려할 만큼 대담하고 야심 찬 면을 지니고 있었다. 훗날 아인슈타인이 보인 도전적인 기질은 어머니 파울리네의 유전자를 물려받았기 때문에 가능했던 것이다.

어린 아인슈타인은 한마디로 '꼬마 악당'이었다. 화가 나면 얼굴이 창백해지고 코끝이 파래지면서 자제력을 잃고는 닥치는 대로 물건을 내던지기 일쑤였다. 때문에 가장 골탕을 먹은 사람은 누이동생인 마야였다. 아인슈타인이 내던진 물건에 머리를 맞아 큰 사고가 날 위험에 처한 적도 한두 번이 아니었다.

"천재의 누이동생은 두개골이 튼튼해야 해요."

훗날 마야는 어린 시절을 이렇게 회상하고는 했다.

아인슈타인에게는 '천재 과학자'라는 명성에 어울리지 않는 약점이 하나 있었다. 두 살이 넘도록 말을 제대로 하지 못했던 것이다. 그의 부모는 아이가 잘못된 것은 아닌지 걱정했다. 하지만 어른이 된 뒤 아인슈타인은 자신의 말문이 늦게 틔었다는 사실을 두고 재치 있는 답변을 했다.

"저는 말이 늦었던 게 결코 아닙니다. 단지 처음부터 완전한 문장으로 말을 하려고 했기 때문에 다소 시간이 걸렸던 것뿐이죠."

가족들의 걱정거리는 또 있었다. 아인슈타인은 친구들과 어울릴 생각을 전혀 하지 않았다. 아인슈타인은 밖에 나가서 또래 아이들과 뛰놀며 어울리는 대신 집에 틀어박혀 퀴즈를 풀거나 두꺼운 종이로 장난감 집을 만들면서 시간을 보냈다. 아인슈타인은 장난감이나 기계장치 외에는 어느 것에도 관심을 보이지 않았다.

아인슈타인이 얼마나 장난감에 몰두했는지를 보여 주는 일화가 있다.

아인슈타인이 세 살 때, 어머니 파울리네는 해산을 앞두고 있었다. 그녀는 혼자서만 시간을 보내는 아인슈타인에게 동생이 생기면 큰 도움이 될 것이라고 생각했다.

"알베르트, 이제 곧 너와 놀아줄 동생이 생길 거야."

'동생'이라는 말에 아인슈타인은 뛸 듯이 기뻐했다.

"정말이에요? 얼마나 기다려야 하는데요?"

아인슈타인은 가족들과 함께 동생이 태어나기를 기다리고 또 기다렸다. 하지만 막상 동생 마야가 태어났을 때 아인슈타인은 실망을 감출 수 없었다. 그는 잔뜩 풀이 죽은 목소리로 부모에게 물었다.

"이 아이의 바퀴는 어디에 달려 있어요?"

아인슈타인의 부모는 어리둥절했다. 하지만 이내 그의 말뜻을 깨닫고는 웃음을 터뜨렸다. 함께 놀아줄 동생이 생긴다는 말을 아인슈타인은 새로운 장난감이 생긴다는 말로 받아들였던 것이다. 멋진 장난감을 기대했던 아인슈타인으로서는 실망감이 클 수밖에 없었다.

다른 아이들과는 전혀 어울리지 않고 장난감에만 몰두해 있는 아인슈타인을 보며 어른들은 걱정에 휩싸였지만, 아인슈타인은 자기만의 세계를 만들어 가는 중이었다. 장난감은 아인슈타인이 만들어 놓은 세계 속에서 움직이는 시민이었고, 아인슈타인은 그 속에서 모든 움직임을 조율하는 신과 같은 존재였다. 그러던 어느 날, 아인슈타인은 자신의 전 생애를 통틀어 가장 인상적인 물건을 접하게 된다.

어린아이들이 으레 그렇듯 아인슈타인도 잔병치레를 하느라 침대에 누워 며칠째 꼼짝 못하고 있었다. 아버지 헤르만은 아들을 위해 침대에서 가지고 놀 수 있는 특이한 '장난감' 하나를 가지고 왔다. 그것은 바로 나침반이었다.

노년의 아인슈타인은 아버지로부터 나침반을 선물 받은 때가 네 살이었는지, 다섯 살이었는지 정확하게 기억하지 못했지만 섬광처럼 머릿속을 스치고 지나간 그때의 충격만큼은 뚜렷하게 기억했다.

"그건 내게 무척 경이로운 순간이었습니다."

어린 아인슈타인에게 나침반은 마술 같은 물건이었다. 아무리 흔들고 빙글빙글 돌려도 나침반의 침은 항상 같은 방향을 가리켰다. 그때까지 아인슈타인은 외부의 자극이 가해져야만 물체가 움직일 수 있다고 믿었다. 아인슈타인은 항상 북쪽을 가리키는 나침반을 보며 이 세상에 어떤 보이지 않는 힘이 존재한다는 사실을 깨달았다.

이 깨달음은 아인슈타인의 사고 자체를 크게 뒤흔들어 놓았다. 250여 년 전에 태어난 아이작 뉴턴은 나무에서 떨어지는 사과를 보며 만유인력의 법칙을 생각해 냈다. 아인슈타인은 나침반을 통해 이 세상을 움직이는 불가해한 힘을 인식한 것이다.

아인슈타인은 종종 상대성 이론의 아이디어가 나침반을 처음 본 그 순간 머릿속에 자리 잡았다고 이야기하고는 했다. 어떻게 보면 천재의 비범함을 과시하는 듯 들리는 이 말은 결코 과장으로만 받아들일 수 없는 부분이 있다. 나침반이 북쪽을 향하도록 묶어 둔 그 힘은 '자기'였다. 그런데 아인슈타인이 발표한 상대성 이론 가운데 하나는 '자기'와 '전기'라고 불리는 두 개의 현상이 사실은 '전자기'라는 단일한 현상임을 밝혀낸 것이기 때문이다.

아인슈타인의 삶에 찾아온 첫 번째 경이로움은 그의 세계관에 큰 변화를 가져왔지만, 여전히 아인슈타인은 무뚝뚝하고 혼자 놀기 좋아하는 아이였다. 그의 성격은 학교에 진학하고 나서도 달라지지 않았다.

아인슈타인이 입학한 초등학교는 가톨릭 계통의 학교였다. 아인슈타인이 유대인이라는 점을 감안하면 그것은 매우 뜻밖의 일이었다. 유대인들은 자신들만의 풍습과 문화, 종교적 계율, 교육 방식을 무척 중요하게 여겼다.

학교도 유대인만이 다니는 학교가 따로 있었다. 하지만 아인슈타인의 부모는 다른 유대인 가족과는 달리 유대인들이 오래도록 고수해 온 교육 방식을 고집하지 않았다. 덕분에 아인슈타인은 어릴 때부터 자유로운 환경 속에서 다양한 교육을 접하고 폭넓은 사고를 키울 수 있었다.

초등학교에 입학하고 한동안은 학교생활에 잘 적응했다. 입학한 지 얼마 되지 않아 치른 시험에서는 매우 우수한 성적을 받기도 했다. 파울리네는 너무 기쁜 나머지 아인슈타인의 외할머니에게 편지로 이 사실을 자랑했다.

어제 알베르트가 성적표를 받아 왔어요. 이번에도 반에서 일등을 했어요. 아주 뛰어난 성적이에요.

장남이자 외아들인 아인슈타인에 대한 가족들의 사랑은 각별했다. 파울리네의 편지를 받은 외할머니는 자신이 아인슈타인을 얼마나 사랑하며 보고 싶어 하는지를 보여 주기 위해 그리워하는 마음이 가득 담긴 긴 답장을 보냈다.

하지만 아인슈타인의 즐거운 학교생활은 그리 오래가지 않았다. 아인슈타인은 곧 수학과 과학 과목을 제외한 다른 과목에 흥미를 잃고 말았다. 또한 논리적인 체계를 가진 라틴어는 좋아했지만, 암기할 것이 많은 그리스어는 극도로 싫어했다.

수학과 과학 과목은 변함없이 좋아했는데, 다만 문제를 푸는 데 너무 많은 시간이 걸렸다. 문제가 주어지면 다양한 각도에서 천천히 체계적으로 살펴보는 것을 좋아했기 때문이었다. 하지만 학교의 교사들은 아인슈타인이 그저 그런 수준의 아이라서 문제를 푸는 데 시간이 오래 걸린다고 생각했다. 어른이 되었을 때, 누군가학창시절에 대해서 묻자 아인슈타인은 대답했다.

"학생으로서 나는 특별하게 우수하지는 않았습니다. 물론 그렇다고 뒤떨어지는 학생은 아니었지만요. 나의 가장 큰 약점은 기억력이 약하다는 것입니다. 특히 어구나 원전을 외우는 데 매우 서툴렀습니다."

아인슈타인은 유난히 주관이 뚜렷한 아이였다. 그의 부모는 다른 유대인 부모처럼 자녀들에게 반드시 유대 교리를 지켜야 한다고 강요하지 않았다. 하지만 아인슈타인은 유대인으로 태어난 이상 유대의 율법을 지키는 것이 당연하다고 생각했다. 그래서 어릴 때 그는 유대인의 관습을 착실하게 지켰다. 유대 계율에 따라 돼지고기도 먹지 않았다.

그러나 과학에 흥미를 느끼면서 아인슈타인은 유대인의 관습을 지키는 것이 과연 옳은 일인지 고민하기 시작했다. 아인슈타인이 생각하기에 성경에서 이야기하는 일들은 너무나 허무맹랑해 보였다. 과학에 대해서 깊이 빠져들면 빠져들수록 더욱 그랬다. 게다가 아인슈타인은 신과 같은 초월적 존재에게 자신의 모든 것을 의존하거나 맹목적인 믿음을 갖는 것은 옳지 않다고 생각했다.

아인슈타인은 주관이 뚜렷했지만, 예전에 자신이 옳다고 믿었던 것도 옳지 않다는 판단이 서면 그 즉시 자신의 주관을 수정하고 새로운 가치관을 정립해 나갔다. 아인슈타인의 유연한 사고와 태도는 과학자에게는 필수적인 항목이었다. 과학은 가설을 수정하고 극복해 가는 과정을 통해 진실에 접근하는 학문이기 때문이다.

한편으로 아인슈타인은 매우 고집스러웠다. 자신의 신념을 고수하고, 옳지 않다고 생각한 것은 단호하게 거절하고 물리쳤다. 아인슈타인의 이런 고집은 강한 집중력과 더불어 훗날 우주라는 거대한 공간을 끝까지 연구할 수 있게 만든 원동력이 되었다.

또한 아인슈타인은 고정관념에 얽매이지 않는 개성이 강한 아이였다. 하지만 아인슈타인의 개성은 유감스럽게도 당시의 독일 학교 제도와는 전혀 어울리지 않았다. 학교 교사들은 엄격했다. 학생을 대할 때면 마치 장교가 병사들을 대하는 듯했다. 수업 내용은 대부분 기계적으로 암기해야 하는 것들이었다.

그러한 강압적이고 권위적인 학교 분위기 속에서 아인슈타인은 점점 더 자신만의 세계 속으로 침잠해 들어갔다. 아인슈타인이 학교에 적응을 하지 못하는 만큼 교사들도 아인슈타인을 탐탁하게 여기지 않았다.

뮌헨에 있는 루이트폴트 김나지움에 진학한 후의 학교생활은 최악이었다. 하지만 수학과 과학 과목에서만큼은 여전히 뛰어났다. 오히려 학교의 교과 진도가 아인슈타인의 학습보다 뒤져서 아인슈타인은 독학으로 공부해야 할 정도였다. 논리적인 사고를 필요로 하는 철학에서도 그는 다른 학생보다 우수한 성적을 받았다. 하지만 억압적이고 권위적인 제도에서 아인슈타인의 천재성은 발휘되지 않았다.

　수학 과목에서 평범한 우등생에 지나지 않았다는 사실은 두고 두고 아인슈타인의 콤플렉스가 되었다. 게다가 그는 물리학자치고 수학을 못하는 편에 속했다. 고차원의 수학 계산에서는 종종 실수를 하기도 했기 때문에 그가 과학자로서 커다란 명성을 얻은 후에도 자신이 발표한 이론을 증명하기 위해서 다른 수학자의 도움을 받아야 했다.

넌 아무짝에도 쓸모없는 인간이야

"알베르트! 알베르트!"

무겁게 가라앉아 있던 침묵을 깨고 교실 복도 밖에서 선생님의 성난 목소리가 들려왔다. 아인슈타인의 담임이자 그리스어를 가르치는 선생님이었다. 그는 아인슈타인이 마음에 들지 않는 듯 평소에도 아인슈타인에게 신경질적으로 대하고는 했다. 이번에도 무슨 일인지 잔뜩 화가 나서는 아인슈타인을 찾고 있었다.

아인슈타인은 수업 중에나 수업이 끝난 후에 종종 그렇게 불려 나가서 꾸중을 듣고는 했다. 성적이 나빠서 혼이 나는 경우는 극히 드물었다. 아인슈타인이 야단을 맞는 것은 선생님들에게 예의바르게 행동하지 않았다는 이유가 대부분이었다. 아인슈타인이 또 어떤 잘못을 저질렀을까? 학생들은 수업을 하다 말고 복도 쪽으로 귀를 바짝 세웠다.

"따라와!"

선생님은 아인슈타인에게서 몸을 돌리고는 빠른 걸음으로 교무실을 향해 걸어갔다. 화가 잔뜩 나서 거칠게 걸어가는 선생님의 뒤를 따라가는 아인슈타인은 불안하기 짝이 없었다. 이번에도 별것 아닌 문제로 화를 내는 것이 틀림없을 것이다.

사실 아인슈타인의 가슴에서 뜨겁게 자라나는 감정은 불안이 아니라 불만이었다. 아인슈타인으로서는 도저히 이해할 수 없는 이유로 혼이 나는 것이 한두 번이 아니었기 때문이다. 언젠가는 성적이 떨어졌다는 이유로 크게 혼이 난 적이 있었다. 하지만 그때도 아인슈타인 혼자만 성적이 떨어진 것도 아닌데, 선생님은 유독 아인슈타인에게만 화를 냈다.

"넌 아무짝에도 쓸모없는 인간이 될 거야."

아인슈타인은 억울했지만 선생님에게 대들지 않았다. 왜 그렇게 자신만 혼을 내는지 그 이유를 알고 싶지도 않았다. 사실 선생님들이 아인슈타인을 싫어하듯이 아인슈타인도 선생님들을 싫어했다. 그뿐이었다.

아인슈타인이 학교를 다니던 시절의 독일 학교는 학교라기보다는 군대에 가까웠다. 학생들은 짙은 색 옷감으로 만든, 군복처럼 생

긴 교복을 입어야 했다. 군대의 교관처럼 엄격하기만 한 교사들은 굳은 표정으로 학생들을 다그치기만 할 뿐 다정다감한 모습은 전혀 보여 주지 않았다. 그런 분위기 속에서는 궁금한 것이 있어도 질문을 할 수가 없었다. 가르치는 것만 외워야지 괜스레 다른 질문을 던졌다가는 반항하는 것으로 오해받기 일쑤였다.

좀처럼 궁금한 것을 참지 못하던 아인슈타인은 단박에 선생님들의 미움을 샀다. 수업 시간에 질문을 자주 하고, 자유분방하게 행동하는 아인슈타인을 선생님들은 건방지고 당돌한 아이라고 생각했다. 그중에서도 그리스어를 가르치는 담임선생님은 아인슈타인을 가장 싫어했다.

아인슈타인을 무시한 채 앞서 걷는 선생님은 교무실을 지나쳐서 곧장 학교 건물 입구에 다다랐다. 갑자기 걸음을 멈춘 선생님은 아인슈타인을 향해 홱 돌아섰다. 그러고는 약간 비껴서더니 바깥쪽을 향해 손가락을 뻗고는 단호한 목소리로 말했다.

"알베르트 아인슈타인, 너는 퇴학이다. 당장 이 학교를 떠나!"

아인슈타인은 당황했다. 기뻐해야 할지 슬퍼해야 할지 좀처럼 종잡을 수가 없었다. 학교를 싫어하기는 했지만 퇴학을 당할 만큼 잘못을 저지른 적은 없었다.

"왜죠? 제가 무슨 잘못을 했나요?"

아인슈타인의 담임선생님은 이맛살을 찡그리며 차가운 목소리로 말했다.

"나는 네가 이 학교 분위기를 망치는 것을 더 이상 봐줄 수가 없다. 네가 다른 친구들에게 나쁜 물을 들이고 있어. 얌전하던 다른 친구들이 선생님께 반항하는 건 다 너 때문이야!"

아인슈타인은 말문이 막혔다. 말도 안 되는 모함이라고 항의하고 싶었지만 또다시 반항한다는 소리나 들을 게 뻔했다.

그러나 한편으로 생각하면 아인슈타인에게는 잘된 일이기도 했다. 얼마 전 가족들은 아인슈타인을 홀로 남겨두고 이탈리아로 떠났다. 아인슈타인의 아버지가 이탈리아에서 새로운 사업을 할 예정이었기 때문이다. 아인슈타인은 그날 이후로 자기도 하루빨리 이 지긋지긋한 독일을 떠날 궁리만 했다.

그러던 중에 아인슈타인은 선생님에게 심하게 야단을 맞고 병원을 찾아갔다. 스트레스가 너무 심해서 미칠 지경이었다. 의사는 아인슈타인에게 '신경성 피로'라는 진단을 내렸다. 진단서를 받아든 아인슈타인의 머릿속에 가장 먼저 떠오른 것이 이탈리아에 있는 가족이었다. 진단서를 제출하고 학교를 그만둔 뒤 가족이 있는 이탈리아에서 학업을 계속한다면, 가족들도 이해할 것이라고 생각했다.

그런데 아인슈타인이 거사를 도모하기도 전에 학교에서 먼저 아인슈타인을 퇴학 처리한 것이다. 학교에서 쫓겨나는 순간에 아인슈타인이 기뻐해야 할지, 슬퍼해야 할지 종잡을 수 없었던 까닭이 바로 여기에 있었다.

설상가상으로 아인슈타인은 김나지움을 졸업하고 나면 군복무를 해야 할 처지에 놓여 있었다. 당시 독일은 지금의 우리나라처럼 스무 살이 되는 성인 남자는 누구나 군대에서 일정 기간 동안 복무를 해야 했다. 독일은 군대 복무자가 줄어드는 것을 막기 위해 열일곱 살 이상이 되면 국적을 포기하지 못하도록 하고 있었다.

어려서부터 아인슈타인은 제복을 혐오했다. 규율 같은 것을 싫어해서 군인들과는 대화조차 나누려고 하지 않았다. 군대에 대한 혐오증은 아인슈타인이 성장한 후에도 변함없었다. 아인슈타인에게 군대는 평화를 지키는 수호자가 아니라 전쟁을 일으키는 약탈자의 모습으로 비쳤다.

퇴학이라는 불명예를 안고 김나지움을 걸어 나오는 아인슈타인의 마음은 홀가분했다. 오랫동안 자신을 괴롭혀 온 군대의 억압적인 분위기도, 가족과 떨어져 홀로 지내야 했던 외로움도 이제는 벗어던질 수 있었다.

이탈리아로 떠나기 전 아인슈타인은 요양이 필요하다는 의사의 진단서를 받았다. 그리고 김나지움의 수학 교사에게 선처를 요구해 그가 대학에서 교육을 받기에 조금도 부족함이 없는 수학 실력을 갖추고 있다는 확인서를 받았다. 이제 그는 이탈리아로 가서 부모님을 설득하고, 자유로운 분위기 속에서 학업을 계속하겠다는 꿈에 부풀었다.

　인생은 참 아이러니하다. 김나지움의 교사들은 자신들이 쫓아낸 아인슈타인이 20세기의 가장 위대한 과학자가 되리라고는 아무도 상상하지 못했다. 만일 그들이 미래를 예측할 수 있었다면, 아인슈타인은 미움을 사지도 않았을 것이고, 퇴학을 당하는 일은 더더욱 없었을 것이다. 그리고 아인슈타인이 독일에서 안정적인 지위를 유지하며 살았다면, 인류 역사에서 아인슈타인이라는 이름은 아무런 의미를 갖지 못했을지도 모른다.

　아무짝에도 쓸모없는 인간이 될 거라고 비난 받던 소년은 훗날 노벨상 수상자가 되었고, 소년을 내쫓은 학교는 소년의 이름을 따서 '알베르트 아인슈타인 김나지움'으로 학교 이름을 바꾸었다. 아인슈타인이 살아생전에 이런 사실을 알았는지는 알 수가 없다. 어쨌든 독일의 루이트폴트 김나지움과 아인슈타인의 얄궂은 인연은 우리 인생의 아이러니한 단면을 보여 준다.

　사실 아인슈타인의 생애는 아이러니의 연속이었다. 그가 태어난 독일은 그와 같은 민족인 유대인을 역사 이래로 가장 잔혹하게 박해한 나라였다. 그가 발표한 상대성 이론 가운데 하나인 빛의 구부러짐 현상을 증명한 나라는 당시 독일과 전쟁 중이던 영국이었다. 그뿐만이 아니다. 아인슈타인에게 어느 나라보다 유쾌한 추억을 안겨 주었던 일본은 아인슈타인의 이론을 기초로 개발된 원자폭탄의 피해를 입은 지구상의 유일한 나라가 되었다. 그러고 보면 상대성 이론은 언제나 아이러니한 시간과 공간에 머물러야 했던 아인슈타인의 삶 자체를 증명하는 이론일지도 모른다.

철학과 음악이 공존하는 우주

위대한 인물은 스스로 탄생하지 않는다. 가족의 보살핌과 배려, 주위 사람들의 영향이 긴 시간 축적되어 한 명의 위인을 만들어 가는 것이다. 아인슈타인은 수학과 과학에 관심이 깊었던 아버지와 온화하면서도 열정적인 기질을 가진 어머니로 인해 어릴 때부터 과학자로서의 성품을 지닐 수 있었다. 그리고 유년기와 청소년기를 거치면서 아인슈타인은 삼촌 야콥과 유대인 의대생 막스 탈무드의 영향으로 과학과 수학의 끈을 놓지 않을 수 있었다.

야콥은 아인슈타인에게 피타고라스의 정리를 처음으로 가르쳐 준 사람이다. 당시 열두 살이었던 아인슈타인은 피타고라스의 정리를 익히면서 수학 공부에 더욱 깊이 빠져들었다. 이후로 아인슈타인의 수학 실력은 학교 교과 과정을 훨씬 앞질러 버렸다. 그는 삼촌 야콥의 도움으로 기하학을 깨우치면서 수학이 가진 법칙과 규칙성에 매료되었다. 숫자와 도형이 만들어 내는 수학 세계의 아름다운 질서를 목격한 아인슈타인의 감동은 북쪽으로만 향하는 나침반의 침을 보며 느꼈을 때와 별반 다르지 않았다.

어느 날 야콥은 조카에게 수학에 커다란 재능이 있다는 사실을 깨닫고, 열두 살 소년이 풀기에는 제법 어려운 대수와 기하 문제를 냈다. 아인슈타인은 포기하지 않고 끈기 있게 해답을 찾아 나갔다. 아인슈타인이 문제를 풀기 위해 끙끙거리는 동안 야콥은 꼼짝하지 않고 아인슈타인을 지켜보았다. 결국 두 시간 가까이 지났을 무렵 아인슈타인은 산 정상에 오른 산악인처럼 두 손을 치켜들고 해맑은 얼굴로 삼촌을 바라보았다. 어린 그의 얼굴에는 학문 속에서의 도전 정신이 얼마나 값진 것인가에 대한 깨달음이 서려 있는 듯했다. 야콥은 조카를 향해 사랑스러운 미소를 보내 주었다.

막스 탈무드는 아인슈타인이 어렸을 때, 그의 집에 종종 들러 점심식사를 하고는 했다. 당시 유대인들 사이에는 형편이 어려운 학자들과 대학생들을 집으로 초청해 식사를 대접하는 풍습이 있었다. 탈무드는 의대생 자격으로 아인슈타인의 집에 초대된 것이었다.

탈무드는 식사를 끝낸 후에도 아인슈타인과 한참 동안 대화를 나누었다. 또래들과 어울리지 않던 아인슈타인도 탈무드와는 대화의 고리가 끊기지 않았다. 아인슈타인이 수학과 과학에 남다른 흥미와 재능을 갖고 있다는 사실을 알게 된 탈무드는 과학 서적과 철학 서적을 가져와 아인슈타인에게 읽도록 했다. 그러면 아인슈타인은 종이가 물을 빨아들이듯이 닥치는 대로 책의 내용을 자기 것으로 만들어 갔다.

탈무드와 아인슈타인은 나이 차이가 많았지만, 두 사람은 함께 이야기를 나누고 토론을 하는 데 아무런 어려움을 겪지 않았다. 일주일에 한 번씩 찾아오는 탈무드는 아인슈타인에게 책을 골라 주고, 토론을 하고, 친구가 되어 주었다. 그러는 동안 아인슈타인은 지적으로 무럭무럭 성장했다.

탈무드가 아인슈타인에게 골라 준 책 중에 아론 베른슈타인의 『일반인을 위한 자연과학』이 있었다. 이 책은 대중적인 과학 책이었는데, 아인슈타인은 이 책을 통해 처음으로 원자론을 접했다. 또 탈무드는 유클리드의 『기하학 교과서』를 선물하기도 했다. 아인슈타인은 그 책을 '거룩한 기하학 책'이라고 불렀다. 왜냐하면 기하학을 통해서 수학의 즐거움을 깊이 느낄 수 있었기 때문이다.

아인슈타인의 삶에 있어 탈무드는 진정으로 좋은 스승이었다. 그는 아인슈타인이 수학과 과학에만 빠져 편협한 생각을 갖지 않도록 철학을 가르치는 배려를 잊지 않았다.

아인슈타인이 열세 살이 되었을 때, 탈무드는 임마누엘 칸트의 『순수이성비판』을 권했다. 왕성한 지적 호기심을 보이던 아인슈타인은 철학에도 깊은 매력을 느꼈다. 김나지움이라는 독일의 억압적인 교육 제도 아래에서는 평범한 학생에 지나지 않았던 아인슈타인은 야콥과 탈무드의 자유로운 교육 속에서 천재성이 드러나기 시작했다. 두 사람의 교육은 한 사람이 다른 한 사람의 부족한 부분을 채워 주는 식으로 전개되었기 때문에 아인슈타인은 항상 충족감을 맛보았다.

특히 탈무드를 통해서 접한 철학은 후에 이론물리학자가 된 아인슈타인의 직관을 틔워 주는 중요한 역할을 했다. 이론물리학의 가설들은 실험이나 관찰을 통해서 세울 수 있는 것이 아니다. 이론물리학은 모든 자연 현상을 넓게 조망해서 그들 사이의 관계를 밝혀내고, 특징을 찾아내며, 원리를 탐구하는 지적 탐험을 통해 진실에 접근해 가는 것이다. 또한 이론물리학은 거대한 우주를 인간의 뇌에 옮겨 놓고 관찰하는 것과 같은 작업이다.

상대성 이론은 포괄하는 범위가 너무나 광범위해서 단편적인 실험을 통해서는 발견할 수 없는 현상들을 담고 있다. 그것은 전적으로 아인슈타인의 상상력에 기인한 것이었다. 탈무드의 철학 교육은 아인슈타인이 사고 체계를 정립해 나가는 데 큰 역할을 했다. 이처럼 아인슈타인이라는 위대한 과학자는 여러 사람의 사랑과 관심이 만들어 낸 합작품인 것이다.

과학과 철학에 매료되어 가면서 아인슈타인은 점차 종교에 대한 흥미를 잃었다. 그때까지 아인슈타인은 종교에서의 가르침을 경전에 적힌 문자 그대로 믿었다. 그러나 과학을 접하면서 종교의 허술함을 발견하기 시작했다.

이후로 아인슈타인은 종교에 대해 다소 부정적인 입장을 취했다. 여전히 신을 믿었지만, 유대교나 기독교에서 말하는 전지전능한 유일신에 대해서는 부정적이었다. 세상 만물을 움직이는 불가사의한 이치가 그에게는 신이었다. 보이지 않는 거대한 세계의 수수께끼를 푸는 것, 그것이 종교를 떠나 아인슈타인이 새롭게 택한 믿음이자 운명이었다.

이 시기에 그를 매료시킨 또 하나는 바로 음악이었다.

아인슈타인은 다섯 살 때 어머니의 권유로 바이올린을 배우기 시작하면서 처음으로 음악을 접했다. 하지만 아인슈타인은 음악 공부하는 것을 몹시 싫어했다. 한번은 음악 수업을 강요하는 음악 선생님에게 의자를 집어던지기도 했다.

하지만 아인슈타인의 삶을 돌아보면 그가 음악을 싫어한 것이 결코 아니라는 사실을 알 수 있다. 그는 훌륭한 아마추어 바이올린 연주자였으며, 일생 동안 음악을 사랑했다. 그가 싫어했던 것은 음

악 그 자체가 아니라 음악 선생님이 가르치는 방식이었다.

"다섯 살 때부터 열네 살까지 바이올린 연주를 배웠는데, 좋은 선생을 만나지는 못했습니다. 내가 처음 만났던 선생에게서 배운 것은 음악이란 한낱 기술적 훈련에 지나지 않다는 거였어요."

테크닉을 중심으로 가르치는 음악 교육 방식 때문에 바이올린을 배우는 일에 짜증을 냈던 아인슈타인이 음악의 가치를 새롭게 발견한 것은 그가 열세 살 때였다. 어느 날 우연히 모차르트의 소나타를 들은 그는 모차르트 특유의 맑고 아름다운 선율에 흠뻑 빠져들고 만 것이다. 당연히 음악에 대한 그의 부정적인 생각도 바뀌었다.

"모차르트의 소나타가 들려주는 아름다움에 빠져들면서 제대로 연주를 해 보고 싶다는 생각이 들었습니다. 나는 모차르트 소나타의 예술적 내용과 특이한 우아함을 재현하기 위해 노력했습니다. 그 노력이 내 바이올린 솜씨를 연마시켰습니다."

강제적인 교육 방식에 흥미를 느끼지 못한 것은 김나지움에서만 아니라 음악에서도 마찬가지였던 셈이다. 아인슈타인은 재미를 느끼지 못하는 것에는 어느 일을 막론하고 저항했다. 하지만 스스로 감동을 느끼거나 재미를 느끼면 누가 시키지 않아도 어느 누구보다 그 일에 빠져들었다.

음악도 마찬가지였다. 그는 모차르트의 선율에 매력을 느낀 이후 바이올린 연주에 매진했고, 덕분에 공식적으로 음악 교육을 받지 않았는데도 그는 상당한 수준의 바이올린 솜씨를 지닐 수 있게 되었다. 아인슈타인은 늘 주장했다.

"자발적인 흥미가 의무감보다 훨씬 좋은 교사입니다."

아인슈타인의 어린 시절을 기억하는 몇몇 사람은 그에게서 예비 과학자의 모습보다는 오히려 뛰어난 바이올린 연주자를 연상하고는 했다. 음악은 그의 삶에서 빼놓을 수 없는 중요한 부분이었다. 아인슈타인은 종종 자신의 인생에서 가장 중요한 것은 음악이라고 말했다.

만남과 이별을 거듭해 온 아인슈타인의 삶에서 바이올린은 그와 평생을 함께한 좋은 친구였다. 막다른 길에 이르거나 어려운 상황에 부딪치면 그는 음악 속에서 피난처를 구했다. 복잡한 이론을 생각해 내야 하는 순간에도 그는 바이올린을 켜며 생각을 정리했다. 그러면 자연과 우주의 법칙을 찾아 헤매던 그의 정신은 바이올린의 부드러운 선율을 타고 휴식을 취했다.

2장

가난 속에서 이어 간 연구의 열정

물리학자의 꿈을 향한 발걸음

아인슈타인은 굳게 마음을 먹고 이탈리아로 향했다. 미리 편지를 띄우지 않았기 때문에 아인슈타인이 나타나면 가족들은 크게 놀랄 것이 당연했다.

역시 연락도 없이 불쑥 이탈리아에 나타난 아들을 보고 그의 부모는 깜짝 놀랐다. 게다가 학교에서 퇴학까지 당했다는 말을 듣자 아들에 대한 기대가 컸던 헤르만과 파울리네의 실망감은 이루 말할 수 없었다.

졸업장이 없었기 때문에 대학에 진학할 수도 없었다. 아인슈타인의 부모는 고심 끝에 고등학교 졸업장이 필요 없는 스위스 국립 공과대학의 입학시험을 보도록 했다. 스위스 국립 공과대학은 유럽에서 가장 뛰어난 교육 환경을 갖춘 곳이었다.

아인슈타인은 군복무의 의무를 지지 않기 위해 먼저 독일 시민권을 포기했다. 자칫하다가는 어느 날 갑자기 불쑥 군대에 끌려갈지도 모르기 때문이었다.

스위스 국립 공과대학의 입학시험은 가을에 있었다. 그때까지 아인슈타인은 이탈리아 북부를 여행하며 한가로운 시간을 보냈다. 이탈리아는 독일과 여러모로 대조적이었다. 억압적이고 경직된 독일 사회에서만 지낸 아인슈타인에게 이탈리아는 자유와 사색과 낭만이 넘쳐나는 풍요로운 땅이었다. 아인슈타인은 비로소 크게 숨을 내쉴 수 있었다.

하지만 아인슈타인은 가족들의 눈치가 있었기 때문에 모처럼의 해방감을 크게 내색하지는 않았다. 그에게는 가족들에게 학업을 계속할 의지가 있다는 것을 보여 줄 필요가 있었다. 아인슈타인이 1895년 여름 외삼촌에게 보낸 '자기장에서 에테르의 상태 조사'라는 거창한 제목의 과학 에세이도 어쩌면 자신의 의지를 가족들에게 보여 주기 위한 제스처였는지 모른다. 아인슈타인의 이 첫 과학 에세이에는 특별한 내용을 담고 있지는 않았다. 하지만 그때 이미 그가 자기장에 대해 남다른 관심을 갖고 있었다는 사실은 주목할 만하다.

아인슈타인은 가끔 아버지와 삼촌이 운영하는 회사의 일을 도왔다. 이 시기에 아인슈타인은 물 만난 고기처럼 공장의 기계 사이를 종횡무진하며 그 시대의 첨단 기술을 흡수해 나갔다. 한번은 그의 삼촌과 엔지니어가 며칠 동안 머리를 쥐어짜며 고민하던 난관을 불과 15분 만에 해결해 놓기도 했다.

1895년 10월 8일, 아인슈타인은 스위스 국립 공과대학의 입학 시험을 치렀다. 취리히까지 가서 시험을 보았지만 합격자 명단에 그의 이름은 없었다. 수학과 물리학 점수는 뛰어났지만, 암기가 요구되는 언어와 역사학 점수가 형편없었기 때문이었다.

"혹시 알베르트 아인슈타인인가요?"

어깨를 축 늘어뜨린 채 돌아 나가는 아인슈타인을 누군가가 불러 세웠다.

"그렇습니다만……."

"베버 교수님께서 찾으십니다. 어서 가 보세요."

그를 부른 하인리히 베버는 저명한 물리학 교수였다. 어리둥절한 표정으로 교수실 문을 여는 아인슈타인을 그는 따뜻하게 맞아 주었다. 그는 아인슈타인의 물리학 성적이 몹시 뛰어나다고 칭찬하며, 2학년생을 위한 자신의 강의에 출석해도 좋다고 했다. 아인슈타인은 잠시 고민했다. 때마침 대학의 총장이 다른 제안을 했기 때문이었다. 1년 동안만 고등학교 과정에서 공부를 하면 입학 허가

를 해 주겠다는 것이었다. 베버 교수의 물리학 강의를 듣는 일도 즐겁겠지만 그보다는 1년 후에 대학 과정을 제대로 시작하는 것이 더 좋겠다고 생각한 아인슈타인은 총장의 충고에 따라 취리히 서쪽에 있는 아라우 주립학교에 입학하기로 했다. 자신의 호의를 거절한 아인슈타인에게 베버 교수가 어떤 감정을 느꼈는지는 알 수 없었다.

그러나 두 사람은 1년 후에 지도교수와 학생으로 다시 만났다. 사이가 좋을 수가 없었다. 안타깝게도 베버 교수의 호의는 1년 전 아인슈타인에게 청강을 허락했던 순간이 유일했다. 그들의 악연은 평생을 두고 계속되었다. 생각해 보면 이날의 사건은 훗날을 상징하는 전초전이었는지도 모를 일이었다.

국립 공과대학 총장의 충고에 따라 아인슈타인이 입학한 아라우 주립학교는 그가 다닌 학교들 가운데 최고였다. 아인슈타인은 1895년 10월 말에 이 학교에 입학했다. 아라우 주립학교는 18세기의 교육자 페스탈로치의 추종자들이 세운 곳이었다.

아라우 주립학교의 교육관은 아인슈타인이 청소년기에 감명 깊게 읽었던 칸트의 저서에 나오는 세계관과 유사한 분위기를 풍겼다. 독일의 김나지움처럼 강제로 지식을 주입하지도 않았다. 오히려 창의적이고 독립적인 사고가 존중받는 곳이었다. 이 학교에서 아인슈타인은 그동안 독학으로 공부했던 자신의 지식을 체계적으로 점검할 수 있었다.

아라우에서의 하루하루는 즐거움이 넘치는 시간이었다.

아인슈타인의 삶에서 무엇보다도 요스트 빈텔러와의 만남을 빼놓을 수 없다. 빈텔러를 통해 아인슈타인은 소중한 추억이었던 탈무드와의 토론 시절을 다시 한 번 만끽할 수 있었다. 그리스어와 역사를 가르치는 학자인 요스트 빈텔러는 자유를 사랑하고 박학다식한 학자였다. 아인슈타인과는 특히 대화가 잘 통했다.

아인슈타인은 사람들과 쉽게 친해지지 못했지만 그들 부부와는 달랐다. 아인슈타인은 빈텔러를 '아빠', 빈텔러의 부인을 '엄마'라고 부르기도 했다. 빈텔러 가족과 아인슈타인의 관계는 이후에 더욱 각별해졌다. 사랑하는 누이동생 마야가 빈텔러의 아들과 결혼하고 친한 친구 베소가 빈텔러의 딸과 결혼한 것이다.

아라우 주립학교에서 공부할 당시, 아인슈타인은 처음으로 자신이 이론물리학자가 될 것이라고 선언했다. 친구들과 학생 식당에서 맥주를 마시며 어울리던 중이었다. 그는 맥주잔을 들다 말고 느닷없이 자신은 이론물리학자가 될 것이기 때문에 맥주 대신 물리학과 칸트의 『순수이성비판』에 취하겠다고 맹세했다. 그리고 맹세를 기념하기 위해 친구와 바이올린 연주를 시작했다. 그가 좋아하는 모차르트의 바이올린 소나타였다.

아인슈타인은 음악가들 가운데서도 모차르트와 바흐를 좋아했다. 그는 자신의 물리학 연구를 모차르트의 음악에 비유하기도 했다. 모차르트의 음악이 인공적인 기교를 가지고 만든 것이 아니라 우주 속에 이미 존재하는 아름다운 선율을 발견해 낸 것이듯 자신의 이론들 또한 지어내는 것이 아니라 우주 속에 숨겨져 있는 질서를 발견해 내는 것이라고 믿었다. 그는 위대한 음악이 창조될 수 없듯이 물리학 또한 실험이나 증명만 가지고 이론을 세울 수 있는 것이 아니라고 생각했다. 다소 오만하기도 한 이런 태도 때문에 친구들은 그를 냉소적인 인물로 평가하기도 했다.

아라우에서 생활하는 동안 아인슈타인은 잠시 첫사랑에 빠지기도 했으나 오래가지는 않았다. 당시 아인슈타인은 여자들에게 인기가 많았다. 연구에 빠지면 다른 것은 쳐다보지도 않는 정열적인 태도, 바이올린을 연주하는 음악가로서의 낭만, 친근함을 보여 주는 부드러운 미소까지 갖춘 그에게 사랑을 고백하는 여자들이 많았다. 아인슈타인은 그때마다 자신에게는 연애보다 더욱 중요한 일이 있다며 그녀들의 프러포즈를 거절하고는 했다.

그 중요한 일이란 다름 아닌 물리학 연구였다. 그 자신이 연모의 감정에 휩싸일 때는 바이올린을 연주하면서 뜨겁게 타오르는 열정을 가라앉히고는 했다.

자유로운 학업과 정열적인 사랑, 그 어느 때보다 행복한 학창 시절을 보낸 아인슈타인은 무사히 고등학교 졸업 시험에 통과했고,

스위스 국립 공과대학에 입학했다.

　스위스 국립 공과대학은 과학과 공학에서 교육적 성과와 연구로 이름이 높은 학교였다. 대학 시절을 통해 아인슈타인은 비로소 물리학자로서의 체계적인 기본을 다질 수 있었다. 물론 교육 과정을 통해서는 아니었다. 유감스럽게도 아인슈타인이 행복하게 공부할 수 있었던 제도 교육은 아라우에서의 1년이 전부였다. 스위스 국립 공과대학에서도 아인슈타인이 원하는 연구는 혼자의 힘으로 해내야 하는 경우가 많았다.

　스위스 국립 공과대학에서는 학생이 교과 과정을 스스로 계획할 수 있었다. 자유롭게 선택할 수 있는 선택 과목도 있어, 철학이나 경제학 공부를 할 수도 있었다. 하지만 아인슈타인의 마음에 드는 과목은 눈에 띄지 않았다.

　아인슈타인의 아버지는 취업에 도움이 되는 공학을 공부했으면 좋겠다고 말했지만 아인슈타인은 교육학과에 진학했다. 원래 그가 배우고 싶었던 것은 첨단 물리학이었다. 하지만 이 학교에서는 당시 첨단 주제였던 전자기 이론은 가르치지 않았다. 실험적으로 증명할 수 있는 결과만 인정받던 당시의 물리학 분위기도 아인슈타인을 침울하게 만드는 한 가지 요소였다. 과학에 있어서 독창적이고 개성적인 사고는 일단 배제되고 비난받았다. 이미 증명된 자료만을 암기하고 또 암기해야 했다.

대학에서도 아인슈타인의 독학은 계속되었다. 그는 학교 수업을 빼먹고 혼자 하숙집에서 이론물리학 공부를 계속했다. 이 시절이 물리학자로서 아인슈타인에게 자양분이 되었다면 그것은 교과 과정의 우수함 때문이 아니라 바로 독학할 수 있는 계기를 준 덕분이다. 이론물리학은 개인의 직관과 창의적 사고에 의존하는 바가 크기 때문이다.

그가 참석하는 수업은 실험뿐이었다. 아인슈타인은 경험과 직접 접촉하는 것만이 자신을 매료시킨다고 말했다. 하지만 아인슈타인이 실험가로서 능숙한 실력을 지녔던 것은 아니었던 듯싶다. 종종 실험을 하다 다쳐서 손에 붕대를 감고 나타나기도 했다. 실험을 하다가 사고를 내기도 했지만 아인슈타인은 일등을 차지한 적도 있었다.

스위스 국립 공과대학은 1년에 두 번 시험을 보았다. 아인슈타인이 일등을 차지한 것은 중간고사에서였다. 수업에 참석하지도 않은 그가 일등을 할 수 있었던 것은 성실한 친구를 둔 덕분이었다.

대학 시절 아인슈타인이 가장 친하게 지낸 친구는 마르셀 그로스만이었다. 아인슈타인과 평생 동안 좋은 친구로 지냈던 그로스만은 대학 시절 매우 성실한 학생이었다. 강의에 빠지지 않는 건 물론이고 수업 시간마다 공부도 열심히 했다. 수업 내용을 기록한 그의 노트는 웬만한 교과서 이상이었다. 그는 그렇게 열심히 공부한 수업 노트를 시험을 앞두고서 친구인 아인슈타인에게 기꺼이 빌려 주었다. 덕분에 아인슈타인은 일등을 했지만, 정작 노트의 주인인 그로스만은 이등을 하는 재미있는 결과가 나오기도 했다.

연구에만 몰두할 뿐 사람들과는 어울리지 않던 아인슈타인도 그로스만과는 친하게 지냈다. 그로스만은 아인슈타인보다 한 살이 많았다. 공상을 좋아하고 교수들에게 다소 당돌했던 아인슈타인과는 달리 그로스만은 교수들과 사이가 좋았다. 아인슈타인과 그로스만 두 사람은 둘도 없는 친구였다. 일주일에 한 번 정도는 수업이 끝난 후에 카페에서 아이스커피를 마시면서 오랜 시간 토론을 하곤 했다. 그로스만과 함께 보낸 시간은 아인슈타인이 가장 즐거운 추억으로 꼽는 시절 가운데 하나이다.

그로스만과의 우정을 제외하고는 학교생활에서 아인슈타인을 기쁘게 할 만한 일은 그다지 일어나지 않았다. 특히 교수들과의 관계가 좋지 않았다. 교수들 입장에서 보면 수업에 참석하지 않는 학생을 마음에 들어 할 리 없었다.

아인슈타인을 가장 못마땅하게 여긴 사람은 베버 교수였다. 입학시험에 떨어진 아인슈타인에게 자신의 물리학 강의를 들어도 좋다고 허락해 줬던 베버였지만, 막상 학생으로 만난 아인슈타인에 대해서는 못마땅한 평가를 내렸다. 전기 공학 분야에서 세계적인 명성을 얻고 있던 베버는 다소 권위적인 사람이었고, 실험으로 인한 결과를 무엇보다도 중요하게 여겼다. 하지만 아인슈타인은 그가 시대에 뒤떨어진 낡은 내용을 가르치고 있다고 불만을 터뜨리고는 했다.

학창 시절에 싹튼 주입식 교육에 대한 아인슈타인의 반감은 평생을 두고 사라지지 않았다. 그는 과학자가 될 예민하고 작은 묘목들에게 가장 중요한 것은 탐구하는 즐거움과 자유인데, 그런 강압적인 교육은 자유와 즐거움을 박탈하여 시들게 할 뿐이라고 말했다.

가난한 꿈, 배고픈 사랑

졸업 논문을 제출해야 하는 4학년이 되자, 아인슈타인도 다른 사람들처럼 논문 주제를 정했다. 그가 정한 주제는 '열전도'였다. 졸업을 하면 그는 교수의 연구실에서 조교로 일을 하게 될 거라고 생각했다. 그가 원하는 연구를 안정적으로 계속하기 위해서는 조교가 가장 좋은 일자리였다. 하지만 베버 교수는 졸업한 학생들을 모두 조교로 임명하면서 아인슈타인만 빼놓았다.

이 일로 아인슈타인은 베버 교수를 원망했지만, 학생으로서 아인슈타인이 보였던 성실하지 못한 태도를 생각하면 베버 교수만을 탓하는 것도 무리는 있다. 그러나 아인슈타인은 이때의 일을 놓고 두고두고 베버 교수를 원망했다. 그가 유명해진 뒤에 스위스 국립 공과대학에서 교수로 초빙하고 싶다고 제의하자 아인슈타인은 친구에게 보낸 편지에서 "18년 전에 내게 조교 자리만 주었어도 난 참 행복했을 텐데"라고 투덜거렸다.

베버 교수로부터 조교 자리를 얻지 못한 이후에 곧장 다른 일자리를 얻을 수 있었다면 아인슈타인의 미움과 상실감은 조금 덜했을지도 모른다. 그러나 그로부터 꽤 오랜 시간 동안 아인슈타인은 실업자로 지내야 했다. 졸업을 하면서부터는 집에서 보내오는 학비마저 끊겼다. 당장 겪어야 할 생활의 어려움도 컸지만 무엇보다도 더 큰 걱정이 있었다. 그것은 바로 결혼이었다.

당시 아인슈타인은 사랑에 빠져 있었다. 졸업과 함께 그녀와 결혼할 계획이었다. 그런데 조교 일을 얻지 못하면서 결혼도 쉽지 않게 되었다. 아인슈타인을 사로잡은 여자는 대학 동급생인 밀레바였다.

대학에서도 아인슈타인의 인기는 여전했다. 아인슈타인은 몇 차례 가벼운 연애를 즐기기도 했다. 하지만 연애의 결과는 항상 좋지 않았다. 아인슈타인과 사랑에 빠졌다고 알려진 여자들 가운데 행복하게 살았던 사람은 그다지 없었다.

물론 그들이 불행해진 것은 아인슈타인과 헤어지고 난 한참 뒤의 일이기 때문에 아인슈타인에게 그 책임을 물을 수는 없다. 또 그녀들이 사귀었던 사람들 가운데 아인슈타인이 가장 유명한 사람이

라서 그녀들의 삶과 이미 무관한 일인데도 소문에 오르내리게 된 경우도 적지 않았다. 일종의 유명세인 셈이었다. 하지만 연애에 있어서 아인슈타인이 다소 불성실했던 것도 어느 정도 사실이었다. 아인슈타인은 과학자로서는 훌륭하지만 한 남자로서는 이기적이고 무책임한 편이었다.

대학에 입학한 아인슈타인을 한눈에 사로잡았던 밀레바는 아인슈타인이 이전에 만난 여자들과는 전혀 달랐다. 밀레바는 아인슈타인과 같은 과에서 공부하는 동급생들 가운데 유일한 여학생이었다. 아인슈타인보다는 네 살이 더 많았다. 그들이 다닌 대학의 교수는 밀레바를 '모든 면에서 특별한 여자'라고 말하기도 했다.

당시 사회 분위기에서 여자들이 대학에 진학하는 경우는 드물었다. 하지만 밀레바는 남자들을 능가하는 야심을 가지고 있었다. 그녀의 꿈도 아인슈타인과 마찬가지로 위대한 물리학자가 되는 것이었다. 밀레바는 그런 꿈을 가질 만한 자격이 충분했다. 그녀는 매우 영리했고 탁월한 지적 수준을 가지고 있었다.

아인슈타인은 학문과 연구를 향한 밀레바의 열정에 반했다. 그들은 좋은 친구이자 동료였다. 함께 연구하고 토론하는 것이 그들의 연애였다. 하지만 대학에 입학해서 처음 만난 후 몇 년간은 그저 좋은 친구 사이일 뿐이었다. 한동안 그들은 함께 공부하고 토론하면서 성별을 초월하는 우정을 나누었다. 그 우정은 얼마 지나지 않아 사랑으로 바뀌었다.

어느 날 아인슈타인은 밀레바에게 사랑을 고백하는 편지를 보냈다.

　　잠시라도 그대를 생각하지 않는다면, 이 한심한 인간들 틈에서 도
저히 살 수 없을 것이오.

밀레바는 아인슈타인이 마음을 열어 놓을 수 있는 유일한 출구
였다. 사랑에 빠진 건 밀레바도 마찬가지였다. 하지만 주위 사람들
은 그들이 서로 어울리지 않는다고 생각했다. 중간 정도의 키에 건
장한 몸집의 아인슈타인에 비해 밀레바는 키가 매우 작은 데다가
다리를 절었다. 어린 시절 앓았던 결핵 때문이었다. 몸이 약한 사람
들이 대개 그렇듯이 그녀는 말수가 적고 늘 우울한 표정을 짓고 있
었다. 하지만 아인슈타인은 아랑곳하지 않았다. 가끔 친구들이 대
체 밀레바의 어떤 점이 그렇게 좋으냐고 물으면 그는 잠시도 머뭇
거리지 않고 대답했다.

"그녀의 목소리는 너무 아름다워."

두 사람은 자주 편지로 사랑을 고백했다. 아인슈타인은 편지 속
에서 그녀를 '나의 고양이', '나의 사랑하는 악녀', '나의 전부' 등 다
양한 애칭으로 불렀다.

두 사람은 호숫가에서 배를 타거나 함께 음악을 들으면서 데이

트를 즐겼다. 하지만 젊은 연인들의 사이를 더욱 단단하게 맺어 준 것은 물리학이었다. 두 사람이 주고받은 편지에는 물리학에 대한 이야기가 빠지지 않았다.

연구자로서 그들은 좋은 동반자였다. 물리학의 역사를 급성장시킨 아인슈타인의 논문이 발표된 것은 1905년이었지만, 그 내용의 초안은 1900년을 전후하여 밀레바에게 보낸 편지에 이미 기록되어 있다. 실례로 1905년에 발표된 논문의 제목은 '움직이는 물체들의 전기역학'인데, 이 용어는 아인슈타인이 1899년에 밀레바에게 보낸 편지에서 이미 나와 있다.

현실과 일치되지 않는 움직이는 물체들의 전기역학에 대해서 보다 단순한 방식을 제시할 수 있을 것 같소.

밀레바와 주고받은 편지는 아인슈타인의 연구 과정을 이해하는 또 하나의 통로이다. 그만큼 그들은 서로에 대한 애정뿐 아니라 학문에 대한 열정도 공유했다. 아인슈타인은 물리학을 공부하는 다른 동료나 친구들과 토론한 내용도 밀레바에게 상세하게 전달했다. 따라서 상대성 이론의 토대는 아인슈타인 혼자의 몫이 아니라 밀레바와 함께 만든 공동의 몫이라고 생각하는 사람도 적지 않다. 그들이 헤어진 다음에 노벨상 상금을 위자료로 주었던 것도 어쩌면 그 때문인지 모른다. 하지만 이것은 어디까지나 추측일 뿐이다.

　그들의 연애를 가장 심하게 반대한 사람은 부모들이었다. 양가 모두 그들의 교제가 적절하지 않다고 생각했다. 특히 아인슈타인 부모의 반대가 심했다. 밀레바가 아인슈타인보다 나이가 많고, 그들보다 낮은 사회 계층이라는 게 가장 큰 이유였다. 당시만 해도 인종이나 민족 혹은 직업에 따라 차별이 심했다.

　밀레바가 공부를 많이 한 똑똑한 여대생이라는 사실도 아인슈타인의 어머니 마음에 들지 않았다. 그의 어머니는 밖에서 연구를 하는 과학자 아내보다는 집에서 가사를 돌보고 아이를 낳아 기르면서 아인슈타인을 내조할 수 있는 아내가 더 필요하다고 생각했다.

　하지만 아인슈타인은 모두의 반대를 무릅쓰고 밀레바와 결혼하기로 결심했다. 문제는 돈이었다. 결혼을 하기 위해서는 경제적인 자립이 필요했고, 이를 위해서는 일자리가 필요했다. 그러나 학교에서는 믿었던 조교 자리를 주지 않았다. 아인슈타인은 자신이 학교에서 일을 얻지 못한 것이 베버 교수 때문이라고 생각했다. 그는 수업 노트를 빌려 주었던 친구 그로스만에게 베버 교수에 대해 불평하는 편지를 썼다.

　　베버가 그런 불공정한 결정을 내리지 않았다면 벌써 오래전에 난 일자리를 찾았을 거야.

하지만 아인슈타인은 크게 좌절하지 않으려고 마음을 다잡았다.

그 편지 끝에 "그래도 나는 유머 감각을 잃지 않고 있네"라고 덧붙인 것에서 어떤 어려움에도 희망을 잃지 않는 그의 낙천적인 성격을 엿볼 수 있다.

그런 면에서 밀레바와 아인슈타인은 닮은 부분이 있다. 밀레바도 친구에게 아인슈타인과 자신이 처한 현재 상황이 "날품팔이 일꾼의 삶, 아니 집시의 삶이나 다름없다"고 투덜거렸지만, 아인슈타인이 그랬던 것처럼 "그래도 우리는 평소와 다름없이 명랑할 거야"라며 의지를 다지는 모습을 보여 주었다.

일자리를 얻지 못해 전전긍긍하던 무렵이 아인슈타인의 생애에서 가장 어려운 시기였다. 집에서 보내오는 약간의 용돈과 개인 교습으로 받는 돈이 수입의 전부였다. 밀레바 또한 상황은 마찬가지였다.

이를 보다 못한 친구가 자신의 조수 자리를 알아봐 주려 했지만 아인슈타인은 거절했다. 친구가 일하는 곳은 보험 회사였기 때문이다. 아인슈타인은 연구를 계속할 수 있는 일자리를 원했다.

일자리가 쉽게 생기지 않자 아인슈타인은 가끔 아버지의 출장길에 따라나서기도 했다. 아버지의 회사에서 일하면서 경영을 배워 두면 만약의 경우 도움이 되지 않을까 하는 기대 때문이었다.

아인슈타인은 계속해서 대학에 있는 유명한 물리학자들에게 편지를 보냈다. 자신에게 조교 자리를 줄 수 있는지 부탁하는 편지였다. 독일은 물론이고, 이탈리아에 있는 대학들에도 편지를 보냈다.

"이러다가는 북해부터 이탈리아 남단에 있는 모든 물리학자에게 편지를 보내게 생겼어."

어디에서도 답장이 오지 않자 아인슈타인은 초조한 마음을 감추지 못했다. 그리고 몇 주일 뒤 그는 다시 말했다.

"몰랐는데 말이야, 난 이미 북해부터 이탈리아 남단은 물론 전 유럽에 이력서가 담긴 편지를 보냈더군."

아인슈타인의 편지를 받은 교수들 가운데에는 라이프치히 대학의 유명한 물리화학 학자인 빌헬름 오스트발트도 있었다. 학창 시절 아인슈타인은 그가 쓴 논문에 깊은 감명을 받았다. 그의 논문을 기초로 첫 번째 논문을 써서 학술잡지에 발표하기도 했다. 오스트발트에게 편지를 쓰면서 아인슈타인은 이런 사실도 밝혔다. 아인슈타인은 그의 논문이 얼마나 인상적이었는지, 그것이 자신의 연구에 어떤 도움이 되었는지를 상세히 적으면서 혹 조교 자리를 알아봐 줄 수 있는지도 물었다.

역시 답장은 없었다. 마음이 다급해진 아인슈타인은 전에 없이 오스트발트에게 한 번 더 편지를 보냈다.

경황 중에 급하게 편지를 보내느라 이전 편지에 제 주소를 쓰는 것을 잊어버린 것 같습니다.

물론 이 내용은 아인슈타인이 편지를 한 번 더 보내기 위한 핑계였다. 그런 식으로라도 오스트발트의 주의를 끌어 보려고 했던 것이다.

하지만 이 편지에도 오스트발트는 답장을 보내오지 않았다. 재미있는 사실은 1909년에 오스트발트가 다음 해 노벨상 후보로 아인슈타인을 지명했다는 점이다. 오스트발트 자신이 추천한 노벨상 후보가 예전에 자신에게 조교 자리를 부탁한 적이 있는 가난한 대학생이었다는 사실을 기억하고 있는지는 알 수 없지만, 이런 일은 그 후에도 두 번이나 계속되었다. 하지만 1901년의 아인슈타인은 미래가 불투명한 고집불통의 실직자였을 뿐이었다.

상황이 여간해서 풀리지 않자 이번에는 아버지가 직접 나섰다. 아들이 마음에 들지 않는 여자와 결혼한다고 해서 화가 났지만, 아인슈타인의 아버지는 아들을 사랑했고, 또 아들의 재능을 누구보다도 믿었다. 그런 아들이 오랫동안 일자리를 얻지 못해 속을 태우는 모습을 보고 있자니 마음이 편치 않았다. 아버지는 아인슈타인 몰래 직접 유명한 대학 교수에게 편지를 보냈다.

이 편지에는 아인슈타인에 대한 아버지의 사랑이 얼마나 극진했는지 잘 드러나 있다. 아버지는 혹여 자신이 편지를 보낸 일로 아들이 곤란에 빠지게 될까 봐 '아들 문제로 부탁을 하는 뻔뻔스러운 아비를 용서해 줄 것'을 먼저 부탁했다. 또한 자신이 편지를 보낸 것에 대해 아들은 전혀 모르고 있음을 거듭 강조했다. 그리고 그는 아들이 어떤 교육을 받았고, 무슨 분야에 관심이 많은지를 자세하게 서술했다. 없는 자랑을 늘어놓거나 과장하지 않았다. 아들인 아인슈타인에 대해서 정확하고 객관적인 평가를 내렸다.

아인슈타인의 학업에 대해 아버지가 얼마나 세심하게 관심을 가지고 있었는지를 잘 알 수 있는 대목이다. 또한 그는 아들의 다소 급하고 무례한 성격적 결함에 대해서도 솔직하게 인정했다. 하지만 아들은 여전히 과학을 사랑하고 있으므로 그에게 기회를 줄 것을 부탁했다. 이 편지에 대한 답장 또한 발견되지 않았다. 아인슈타인은 아버지가 이런 편지를 보낸 사실을 알지 못했다.

그래도 그 시기에 늘 나쁜 일만 생겼던 것은 아니었다. 1901년에 아인슈타인은 그토록 바라던 스위스 국적을 취득했다. 그는 국적을 취득하는 데 드는 비용을 마련하기 위하여 대학 시절부터 친척들이 보내준 학비 가운데에서 적지 않은 액수를 저축해 왔다. 아인슈타인이 경제적으로 어려움을 겪었던 것은 일자리를 얻지 못한 까닭도 있었지만 간간이 벌어들이는 돈마저 국적을 취득하는 데 쓰기 위해 모아야 했기 때문이었다.

드디어 비용이 마련되자 아인슈타인은 스위스 국적을 취득하기 위한 신청서를 제출했다. 그리고 그토록 바라던 스위스 국적을 취득했다. 그가 학창 시절을 검소하게 보낸 대가였다. 어렵게 얻어낸 스위스 국적이었기에 그는 살아가는 동안 온갖 변천을 겪으면서도 스위스 국적을 포기하지 않았다.

교수들에게 이력서를 보내는 한편 아인슈타인은 저명한 물리학자들에게 그들의 이론을 비판하는 편지를 보내기도 했다. 그는 이런 일을 젊은 연구자로서 지녀야 할 책임감 있는 행동이라고 스스로 생각했다. 하지만 아인슈타인의 편지를 받은 교수들은 이제 갓 대학을 졸업한 풋내기의 반론을 인정하지 않았다.

학교에서의 일자리는 구해지지 않았고, 그 때문에 도서관을 사용하는 데에도 제약을 받았다. 그는 교수들과 사사건건 부딪쳤다. 김나지움 시절부터 그가 선생과 사이좋게 지낸 적은 단 한 번도 없었다. 그래도 아인슈타인은 자신의 열정을 잃어버리지 않았다. 과학자로서 자신의 능력과 미래에 대해서도 자신이 있었다. 그래서 일자리를 얻기 위해 저명한 교수들의 이론이 가지고 있는 결함을 모른 체하는 비겁한 태도는 보이지 않았다. 이는 다행스러운 것이었다. 만약 아인슈타인이 일자리를 얻지 못해서 생긴 경제적인 궁핍에서 벗어나기 위해 다른 물리학자들의 비위를 맞추려 들었다면 상대성 이론 같은 파격적인 논문은 결코 발표되지 못했을 것이다.

경제적인 어려움이 계속되다 보니 밀레바와 싸우는 일이 잦아졌다. 그들은 서로에게 자주 신경질을 냈다. 여전히 서로를 사랑했지만, 어려운 시간을 보내는 동안 그들의 성격 차이는 선명하게 부각되었다. 결국 그들은 잠시 떨어져 있기로 합의했다. 부모님의 반대도, 그날 벌어 그날 먹고 살아야 하는 가난도, 불투명한 미래도 모두 그들을 힘들게 했다.

이즈음 아인슈타인은 뜻밖의 인물과 재회했다. 어린 시절 훌륭한 토론 상대이자 스승이었던 막스 탈무드가 그의 집을 찾아온 것이었다. 탈무드는 아인슈타인이 겪고 있는 어려움이 어느 정도인지 알아봐 달라는 가족의 부탁을 받고 그를 찾아온 것이었다.

아인슈타인이 어렸을 때 의대생이었던 그는 성공한 의사가 되어 있었다. 반면 총명했던 소년은 지독한 가난에 시달리면서 이 모든 불행이 베버 교수를 비롯한 다른 사람들의 훼방 때문이라며 화를 내고 있었다. 사는 형편이 좋지 못하다 보니 건강도 나빠져 있었다. 탈무드는 다소 변해 버린 아인슈타인의 모습에 안타까워했지만 달리 도와줄 수 있는 방법은 없었다. 꿈 많던 소년은 그렇게 암울한 청년기를 보내고 있었다. 미래는 보이지 않았다.

아인슈타인이 가장 잘할 수 있는 일은 물리학 연구였다. 1900년 12월 13일 그는 첫 논문을 권위 있는 독일 물리학 잡지『아날렌 데어 피지크』에 보냈다. 오스트발트 교수의 논문을 기초로 쓴 바로 그 논문은 모세관 현상에 대해 연구한 내용을 담고 있었다. 이 논문은 다음 해 3월에 잡지에 실렸다. 1년 뒤인 1902년 4월에는 분자력에 대해 연구한 두 번째 논문을 보내 그해 말에 실렸다.

아인슈타인은 권위 있는 잡지에 자신의 논문 두 편이 실린 사실에 잠시 기뻐하기는 했지만 후에는 그 두 논문을 가치 없는 것이라고 스스로 평가 절하하기도 했다. 물론 실제로 그렇지는 않았다. 앞서 발표한 두 논문의 내용은 매우 뛰어났다. 그러나 그 이후에 발표한 논문이 워낙 뛰어나고 파격적이다 보니 상대적으로 앞선 두 논문의 가치가 바랜 것일 뿐이었다.

두 번째 논문을 발표한 1902년부터 아인슈타인에게도 서서히 행운이 다가오기 시작했다. 아인슈타인에게 행운을 선물한 장본인은 다름 아닌 절친한 대학 친구 마르셀 그로스만이었다.

그로스만은 자신의 아버지에게 아인슈타인이 얼마나 유능한 인재인지, 그런 인재가 지금 일자리를 얻지 못한 채 어떤 어려움에 처해 있는지 말했다. 그리고 가능하다면 그에게 도움을 주고 싶다고 말했다. 아들을 통해 아인슈타인에 대해 종종 들어왔던 그로스만의 아버지는 자신의 친한 친구였던 특허국장 프리드리히 할러에게 아인슈타인을 소개했다.

할러는 아인슈타인이 졸업한 스위스 국립 공과대학의 선배이자 엔지니어였고, 특허국의 초대 국장이기도 했다. 아인슈타인을 만나 본 할러는 아인슈타인이 특허국에서 필요로 하는 기술적 능력은 갖추지 못했지만, 맥스웰의 전자기 이론에 남달리 밝다는 점에 주목했다. 아인슈타인이 마음에 들었던 할러는 적합한 임시직을 제공하려고 했지만 당장은 공석이 없었다.

스위스 연방법에 따르면 특허국의 모든 공석은 공채를 통해 선발하게 되어 있었다. 그래서 아인슈타인은 특허국에 공석이 생길 때까지 얼마간 기다려야 했다. 공석이 생기자마자 아인슈타인은 시험을 보았다. 결과는 무난히 합격이었다.

1902년 6월, 일자리를 얻지 못해 겪어야 했던 아인슈타인의 고통도 드디어 끝이 났다. 스위스 연방 특허국의 3급 기술 전문가로 채용된 것이었다. 3급 기술 전문직은 연봉이 낮은 데다가 단순직이었기 때문에 주위에서는 염려의 눈길을 보내기도 했다. 하지만 아인슈타인은 그 일이 마음에 들 것이라고 믿었다. 자신에게 일자리를 마련해 준 할러에게 평생 감사할 것이라고 밀레바에게 말하기도 했다. 그러나 무엇보다도 감사한 것은 이 모든 일을 가능하게 해준 친구 그로스만이었다.

아인슈타인은 이 일을 두고두고 감사했다. 훗날 그로스만이 세상을 떠났을 때, 아인슈타인은 그의 아내에게 조의를 표하는 편지를 보내면서도 이때의 일에 대해 다시 한 번 감사를 표시했다.

그때 그는 내 생명을 구해 준 것과 다름없습니다. 그 구원의 손길이 아니었다면, 굶어 죽지는 않았겠지만 내 정신은 말라 비틀어졌을 것입니다.

아인슈타인이 친구들과 나눈 우정에는 주목할 만한 점이 있다. 그는 평소에 너그럽고 유쾌한 사람이었지만 과학자로서는 다소 고집이 셌기 때문에 다른 사람들에게 호감을 주는 편이 아니었다. 게다가 그는 유대인이자 독일인이었다. 그가 살아온 시대에는 유대인도 독일인도 그 자체만으로 비난받기 쉬웠다. 그럴 때마다 늘 그를 지켜 준 것이 우정이었다. 좋은 친구가 늘 곁에 있었기 때문에 그는 종종 자신이 처한 곤란에서 어렵지 않게 벗어날 수 있었다.

모두에게 친절하거나 우정을 남발하지 않는 대신 뜻이 통하는 사람들에게는 평생 동안 마음을 열고 배려해 온 그의 우정은, 그래서 본받을 만하다.

세상에서 가장 작은 이론물리학부

특허국에서 근무한 기간은 아인슈타인의 생애에서 가장 빛나는 시기였다. 물론 당시의 그는 무명의 과학자였고, 많지 않은 월급으로 생계를 꾸려 가야 하는 하급 기술자에 불과했다. 그러나 그는 특허국에서 근무하는 동안 자신이 바라던 연구를 계속할 수 있었다. 그것이면 충분했다. 그가 바라는 일은 오직 하나, 이론물리학 연구를 계속하는 일이었다.

그는 종종 자신이 일하는 책상의 서랍을 가리키며 '세상에서 가장 작은 이론물리학부'라고 불렀다. 외형상으로는 작고 낡은, 지극히 평범한 서랍에 불과했지만, 그 서랍은 아인슈타인의 우주가 들어 있는 세상에서 가장 넓고 위대한 서랍이었다.

특허국의 일은 여러 가지로 아인슈타인에게 도움이 됐다. 경제적으로 자립이 가능했고, 연구를 할 수 있는 공간도 생겼다. 아인슈타인의 업무 가운데 하나는 특허 신청서를 평가하는 것이었다. 대부분의 발명가들은 법률적인 지식이 부족했기 때문에 아인슈타인은 그들이 제출한 신청서를 새롭게 작성해 주어야 했다. 그러기 위해서는 당연히 특허법에 대해서도 알아야 했고, 기술에 대한 다양한 지식도 필요했다.

그는 꽤 까다로운 검사관이었다. 비논리적이거나 정확하지 못한 특허 신청서들은 가차 없이 거절당했다. 그런 과정을 통해서 아인슈타인은 자신도 모르는 사이 과학적인 지식에 체계를 세우고 논리적으로 사고하는 훈련을 할 수 있었다. 아인슈타인은 특허 신청서들을 심사하면서 자신의 생각을 정확하게 표현하는 방법에 대해 그 어느 때보다 엄격하게 훈련받았다.

주위의 우려와는 달리 아인슈타인은 특허국의 일을 무척 마음에 들어 했다. 학교에 다니는 동안에는 몇몇 뜻이 통하는 친구들을 제외하고는 어울리지 않으려 들던 아인슈타인이었지만, 특허국의 동료들과는 사이좋게 잘 지냈다. 무뚝뚝한 할러 국장과도 관계가 원만했다. 그의 남다른 능력을 알아본 국장의 배려가 아니었다면, 상대성 이론은 가난에 묻혀 아예 사라져 버렸거나 훨씬 늦게 태어났을지도 모른다. 연구를 마음 놓고 계속할 수 있게 되었다는 사실만으로도 아인슈타인은 특허국에서의 생활에 대해 감사하고 또 감사했다.

일상의 어려움을 벗어던지게 된 덕분에 아인슈타인의 창의력은 하루가 다르게 발전을 거듭했다. 그간 경제적인 어려움을 겪으며 억눌려 있던 역량이 샘솟듯 솟아 나왔다. 베른의 특허청에서 근무하는 동안 그는 약 오십 편의 논문을 발표했는데, 20세기의 위대한 과학 역사를 만들어 낸 세 편의 논문 또한 바로 이 시기에 쓰였다.

직업을 갖게 된 아인슈타인은 밀레바와의 결혼도 서둘렀다. 집에서는 여전히 그들의 결혼을 반대했다. 그러나 경제적인 어려움 때문에 헤어져 있는 동안 그들 사이에는 예쁜 딸이 태어났다. 딸이 태어났다는 소식을 듣고 아인슈타인은 무척 기뻐했다.

아인슈타인은 모녀가 함께 베른에 와서 살기를 바랐다. 아이를 위해서라도 결혼을 더 이상 미룰 수가 없었다. 게다가 아인슈타인이 직업을 구하려 애쓰는 동안 밀레바는 혼자서 아이를 키웠다. 아인슈타인은 그 점을 미안하게 생각했다. 그래서 그는 얼른 정착하여 딸과 함께 살겠다고 다짐했다.

결혼식을 올리기 위해 밀레바가 베른으로 왔다. 결혼식은 1903년 1월 베른의 등기소에서 올렸다. 친구 두 사람을 증인으로 세운 간소한 결혼식이었다.

아인슈타인의 아버지는 그들이 결혼식을 올리기 한 해 전에 세상을 떠났다. 아버지 헤르만은 임종을 앞두고 아인슈타인과 밀레바의 결혼을 허락했지만, 아무도 자신의 임종을 지키지 못하게 했다. 마지막 가는 순간까지도 마지못해서 두 사람의 결혼을 승낙했다는 의사를 분명하게 표현한 것이었다.

외아들로 아버지의 사랑과 신뢰를 한 몸에 받았던 아인슈타인은 이 점을 두고두고 마음 아파했다. 결혼식을 간소하게 치른 것도 이런 아버지에 대한 예의이기도 했다.

결혼식을 올렸던 그해 여름 아인슈타인과 밀레바는 감당하기 힘든 슬픔에 휩싸인다. 두 사람 사이에서 태어난 첫째 딸이 세상을 떠나고 만 것이었다. 아인슈타인은 한 번도 딸의 얼굴을 보지 못했다.

그들이 어떤 연유로 딸을 잃었는지에 대해서는 알려진 사실이 없다. 성홍열로 사망했다는 설도 있고, 경제적 궁핍에 시달린 그들이 다른 이의 집으로 결국 입양을 보냈다는 설도 있다. 분명한 것은 두 살 이후로 딸에 대한 기록이 남아 있지 않으며, 이로 인해 밀레바와 아인슈타인 모두 마음에 큰 상처를 받았다는 것이다.

특히 밀레바가 힘들어했다. 그녀는 마음을 의지할 만한 사람 없이 혼자서 아이를 키워야 했다. 남자들보다 위대한 과학자가 되겠다는 야망을 키웠던 여대생 밀레바는 졸업 시험에서 낙제를 했다. 아인슈타인이 직업을 갖지 못했기 때문에 재시험을 준비하는 일과 임신한 아이를 돌보는 일 모두 혼자서 해내야 했다. 경제적인 도움도 받을 수 없었다. 결국 그녀는 두 번째이자 마지막 기회였던 다음해 졸업 시험에서도 다시 낙제하고 말았다.

과학자가 되겠다던 밀레바의 꿈은 물거품처럼 사라졌다. 밀레바는 그 모든 시련의 책임이 아인슈타인에게 있다고 생각했다. 아이를 잃고 난 후 신경은 극도로 날카로워졌다. 그녀를 위로해 준 것은 결혼한 지 얼마 지나지 않아 태어난 아들 한스와 에트하르트였다. 한스는 훌륭하게 성장해 후에 캘리포니아 공과대학의 교수가 되었지만, 에트하르트는 그렇지 못했다. 선천적인 장애를 안고 태어났던 둘째는 밀레바가 살아가는 동안 혼자서 감당해야 할 또 하나의 근심거리였다.

한편 아인슈타인은 더욱 연구에 매달렸다. 가정 문제로 복잡한 그의 심경을 위로해 준 사람은 친구 솔로빈과 하비히트였다.

철학을 공부하는 대학생인 솔로빈을 만난 것은 아인슈타인이 가정교사로 생계를 유지하고 있을 때였다. 신문에 낸 구직 광고를 보고 찾아온 솔로빈은 뜬구름 같은 철학보다는 알맹이가 있는 물리학을 공부하고 싶다고 포부를 밝혔다. 솔로빈과 대화를 나눠 본 아인슈타인은 그가 얼마나 진지하고 생각이 깊은 사람인지를 알게 되었다.

두 사람은 한눈에 서로에게 매료되었다. 아인슈타인은 솔로빈에게 물리학을 가르치는 일보다 그와 토론을 나누는 일이 더 즐겁다고 말했다. 두 사람은 정기적으로 만나 토론을 즐겼다. 얼마 후에는 아인슈타인의 또 다른 친구인 하비히트가 참가하면서 토론은 더욱 활기를 띠었다.

그들은 자신들의 모임을 '올림피아 아카데미'라고 불렀다. 토론 주제는 제한이 없었다. 물리학과 철학은 물론이고, 그들이 흥미를 느끼는 주제라면 무엇이든지 토론의 대상이 되었다. 주로 그들의 집이 토론 장소였지만, 때때로 하비히트와 솔로빈이 카페에서 아인슈타인이 퇴근하기를 기다리기도 했다.

그들은 한 가지 주제를 놓고 며칠씩 토론을 벌이기도 했다. 아인슈타인의 집에서 모임을 가질 때면 가끔씩 밀레바도 참석했지만 밀레바는 주로 그들의 이야기를 듣기만 했다.

토론을 할 때 아인슈타인의 집중력은 대단했다. 토론하는 시간에는 토론 이외의 어떤 것도 아인슈타인의 관심을 끌지 못했다. 그들은 토론을 하면서 간단한 식사를 곁들이기도 했는데, 한번은 아인슈타인의 생일에 친구들이 값비싼 캐비아를 사 왔다. 그들은 전혀 내색하지 않고 식탁 위에 캐비아를 꺼내 놓았다. 그리고 빵 위에 캐비아를 듬뿍 얹어 아인슈타인에게 건넸다. 맛을 본 아인슈타인이 깜짝 놀라는 모습을 보려는 계획이었다.

그러나 캐비아를 덥석 입에 물고도 아인슈타인은 아무런 반응을

보이지 않았다. 토론에 빠져 자신이 무얼 먹고 있는지조차 전혀 몰랐던 것이다. 나중에 친구들이 지금 무엇을 먹고 있는지 좀 보라고 말해 주었을 때에야 비로소 자신이 캐비아를 먹고 있다는 사실을 깨달았다.

토론뿐만이 아니었다. 연구를 할 때도 그는 무서울 만큼 자기 자신의 세계에 몰두했다. 그의 여동생 마야는 아인슈타인이 한 가지에 몰두하고 있을 때의 모습을 이렇게 이야기한 적 있다.

"사람들이 많이 모여 시끄러운데도 오빠는 혼자 소파에서 펜과 종이를 들고 문제를 풀고는 했습니다. 어찌나 완벽하게 몰두해 있던지 혹시 주위의 소란이 오히려 그가 집중할 수 있도록 도와주는 게 아닐까, 하는 생각이 들 정도였습니다."

장난감만 가지고 놀던 아인슈타인의 어린 시절을 생각하면 그가 가진 무서운 집중력은 타고난 것이 분명해 보인다. 그것은 아인슈타인에게 하늘이 내린 축복과도 같은 선물이었다.

무명의 과학자였던 아인슈타인이 연구할 수 있는 환경은 매우 열악했다. 그의 월급으로 얻을 수 있는 집은 방 두 개짜리 아파트에 불과했다. 아버지가 세상을 떠난 후에는 어머니를 부양했기 때문에 연구를 위해 개인적인 공간을 가진다는 것은 무척 사치스러운 일이었다. 거실을 개조해 아기 방을 만들어야 했기 때문에 서재 같은 것도 있을 리 없었다. 부엌이나 거실이 그의 서재이자 연구실이었다. 거실에 앉아 한 손으로는 어린 아들을 안고 나머지 한 손으로는 수학 공식을 푸는 아인슈타인의 모습은 그의 집을 방문하는 사람들에게는 익숙한 장면이었다. 때때로 그 옆에서 큰 아들 한스가 여러 가지 질문을 해대기도 했다. 이런 환경 속에서 그가 계속 연구에 몰두할 수 있었던 것은 보통 사람으로서는 흉내조차 낼 수 없을 정도로 강한 집중력 덕분이었다.

베른의 특허국 사무실은 아인슈타인에게는 더할 나위 없이 고마운 곳이었다. 아인슈타인은 특허국의 업무를 보는 틈틈이 그곳에서 자신의 연구도 계속할 수 있었다. 특허국의 사무실에는 우는 아기도 없었고, 잔소리를 하는 아내도 없었다.

책상 맨 위 서랍에는 그의 연구 논문이 들어 있었다. 아인슈타인이 친구들에게 '세상에서 가장 작은 이론물리학부'라고 농담처럼 말하던 바로 그 서랍이었다. 그 물리학부는 얼마 뒤 세상에서 가장 위대한 곳이 되었다.

불평하기에도 바쁜 환경 속에서 아인슈타인은 상대성 이론에 대한 연구를 착실하게 계속해 갔다. 척박한 땅에서 꽃을 피우듯 아인슈타인은 어려운 환경 속에서 위대한 과학 이론을 정립해 나갔다. 어려운 시절을 견디게 한 것은 친구들의 우정과 학구열이었다.

'올림피아 아카데미'는 하비히트가 고향 마을의 교사로 취직되어 떠나면서 중단되었다. 그 1년 후에는 솔로빈도 파리로 떠났다. 솔로빈은 출판사에 취직했다. 나중에 그는 아인슈타인의 논문을 프랑스어로 번역해서 출판하는 일을 맡기도 했다. 아인슈타인은 이들과의 헤어짐을 두고두고 아쉬워했다. 솔로빈과 하비히트도 마찬가지였다. 세 사람은 평생 동안 함께 토론하며 열정을 불태웠던 그때의 기억을 잊지 않았다. 서로에게 안부 편지를 보낼 때마다 행복했던 아카데미 시절에 대한 추억은 빠지지 않았다. 생활의 고단함을 친구들과의 토론으로 잊었던 아인슈타인은 각자의 자리를 찾아 돌아가는 친구들에게 자신이 일하는 특허국에 취직을 하는 건 어떤지 진지하게 물어보기도 했다.

"생각해 보게. 그렇게 된다면 우리는 날마다 여덟 시간 동안 일하고, 여덟 시간은 놀이를 할 수 있을 거야. 게다가 주말도 있지 않은가."

토론과 연구는 그에게는 놀이 이상으로 즐거운 일이었다.

솔로빈과 하비히트의 빈자리를 메워 준 것은 미셀 베소였다.

이탈리아 출신의 베소는 공학에 관해서는 아인슈타인보다 더욱 뛰어난 능력을 가지고 있었다. 그는 특허국에서 아인슈타인보다 한 단계 높은 전문직에 채용되었다.

베소는 아인슈타인과 공통점이 많은 친구였다. 그도 아인슈타인처럼 학교에서 퇴학당했던 경험이 있었다. 베소는 학교에 다닐 당시 수학 교사의 지도 방식에 이의를 제기하는 청원서를 돌렸다. 이 일이 화근이 되어 그는 퇴학을 당했지만, 결코 그 일 때문에 기가 죽지는 않았다.

음악에 대한 열정도 그들은 공유했다. 두 사람이 처음 만난 장소도 음악과 관련한 행사장이었다. 두 사람은 한눈에 서로가 잘 맞는 상대임을 알아보았다.

아인슈타인은 베소와 많은 부분을 공유하고 토론하면서 많은 자극을 받았다. 베소는 똑똑했을 뿐 아니라 성격도 좋았다. 그는 아인슈타인이 하는 말을 진지하게 들어 주었다. 아인슈타인이 펼치는 논리에 작은 결점이라도 있으면 절대 놓치지 않고 끝까지 조목조목 반박했던 점은 아인슈타인에게 큰 도움이 되었다. 아인슈타인은 베소의 지적을 통해 보다 논리적인 사고 훈련을 할 수 있었다. 아인슈타인이 상대성 이론을 발표하면서 베소에게 특별한 감사를 표했던 것은 당연한 일이었다.

두 사람의 우정은 베소에게도 도움이 되었다. 베소는 아인슈타인 덕분에 평생의 반려자를 만날 수 있었다. 아인슈타인이 엄마, 아빠라고 부르던 아라우의 하숙집 주인 빈텔러의 딸과 결혼했기 때문이다.

베소는 특허국에 취직을 하면서 아인슈타인의 집과 가까운 곳으로 이사를 했다. 그들은 부부가 함께 어울리는 시간을 자주 가졌다.

친구 부부와 더불어 마음에 안정을 찾으면서 아인슈타인과 밀레바의 사이도 비교적 평온을 되찾아 갔다. 드문 일이었지만 더러는 함께 여행을 하기도 했고, 밀레바를 대신해서 아인슈타인이 아들을 봐주기도 했다. 그런데 아인슈타인은 무척 엄격한 아버지였다. 그가 김나지움 시절 강압적인 규율에 반발했던 것을 생각하면 아이러니한 일이다. 하지만 그 자신의 반항적인 기질 때문에 겪어야 했던 혹독한 궁핍의 시간을 생각하면 아들에게 그런 시행착오를 되풀이하지 않게 하려는 마음 또한 이해할 수 있다.

친구들과 토론을 즐기고 연구를 계속하는 안정적인 나날이 계속되었다. 그리고 1905년이 밝았다. 그해 봄에 아인슈타인은 '올림피아 아카데미'의 회원 가운데 한 명인 하비히트에게 오랜만에 편지를 보냈다. 그들은 그동안 꾸준히 서로의 논문을 교환해서 읽고 편지로 의견을 나누며 함께 토론해 왔다.

나는 이번에 자네에게 논문을 네 가지나 보내려고 하네. 그중 첫 번째 논문은 세상을 깜짝 놀라게 할, 매우 혁명적인 것이 될 걸세.

자신의 논문이 혁명적일 거라는 다소 오만한 아인슈타인의 말은 사실이었다. 하비히트에게 보낸 이 네 가지 논문은 하비히트뿐 아니라 온 세상을 깜짝 놀라게 만들었다. 드디어 1905년이 찾아온 것이다.

　과학사에서 1905년은 기적의 해라고 불린다. 이해에 아인슈타인의 연구는 만발한 꽃으로 비유해도 좋을 만큼 활짝 피어났다. 몇백 년에 걸쳐 진행됐을 법한 연구와 이론이 1905년 한 해에 한꺼번에 터져 나왔다. 베른의 작은 특허국 책상 서랍 안에서 광활한 우주의 비밀이 쏟아져 나오기 시작한 것이다.

3장

물리학의 혁명,
상대성 이론의 탄생

상식을 파괴한 발상의 전환

과학사에서 1905년에 견줄 수 있는 시기는 1666년에서 1966년 정도다. 당시 젊은 과학자 뉴턴은 유럽을 강타한 페스트의 영향으로 대학이 폐쇄되자 고향으로 돌아가 연구에 몰두했다. 그 시기에 뉴턴은 빛에 대한 몇 가지 중요한 발견을 했다. 그 발견은 후에 만유인력의 법칙을 이끌어 냈다. 뉴턴의 발견은 물리학 연구에 있어 절대적인 가치이자 토대가 되었다. 이후로 250년 가까이 뉴턴의 우주관이 세상을 지배했다.

아인슈타인이 1905년에 발표한 논문은 뉴턴의 우주관을 완전히 새롭게 개편하는 것이었다. 아인슈타인의 논문을 통해 고전 물리학은 현대 물리학으로 새롭게 거듭났다. 아인슈타인이 하비히트에게 '세상을 깜짝 놀라게 할, 매우 혁명적인 것'이라고 큰소리칠 만했다. 그러나 사실 아인슈타인도 자신의 논문이 불러올 파장과 변화에 대해서는 정확하게 예상하지 못하고 있었다.

아인슈타인의 이론이 얼마나 위대한 것인지 말하기 전에 당시의 물리학에 대해서 살펴볼 필요가 있다. 19세기의 물리학은 실험 결과에 따라 증명된 사실만을 인정했다. 그야말로 실험물리학이 절대적인 힘을 얻고 있었다. 여기에는 에른스트 마흐의 역할이 컸다.

오랜 시간 절대적이었던 뉴턴의 운동 이론은 19세기에 들어서면서 여러 가지 결함이 발견되었다. 뉴턴의 운동 이론만 가지고는 모든 현상을 정확하게 설명할 수 없었기 때문이다. 특히 전자기, 열역학의 현상들이 그러했다.

마흐는 이런 문제가 뉴턴이 세운 가정 가운데 실험실에서 입증할 수 없는 가정 때문에 생긴다고 보았다. 그는 1883년에 『역학의 과학』이란 책을 통해 뉴턴이 말한 절대 공간과 절대 시간은 "무익한 형이상학적 개념"일 뿐이라고 비판했다. 그 비판의 이면에는 뉴턴의 신앙도 작용했다. 뉴턴은 기독교의 권세가 절대적인 힘을 발휘하던 시대의 과학자였다. 때문에 그의 과학 연구는 신의 창조성을 증명하기 위한 것이었다. 뉴턴에게 있어 과학은 신을 이해하는 또 다른 방법이었다.

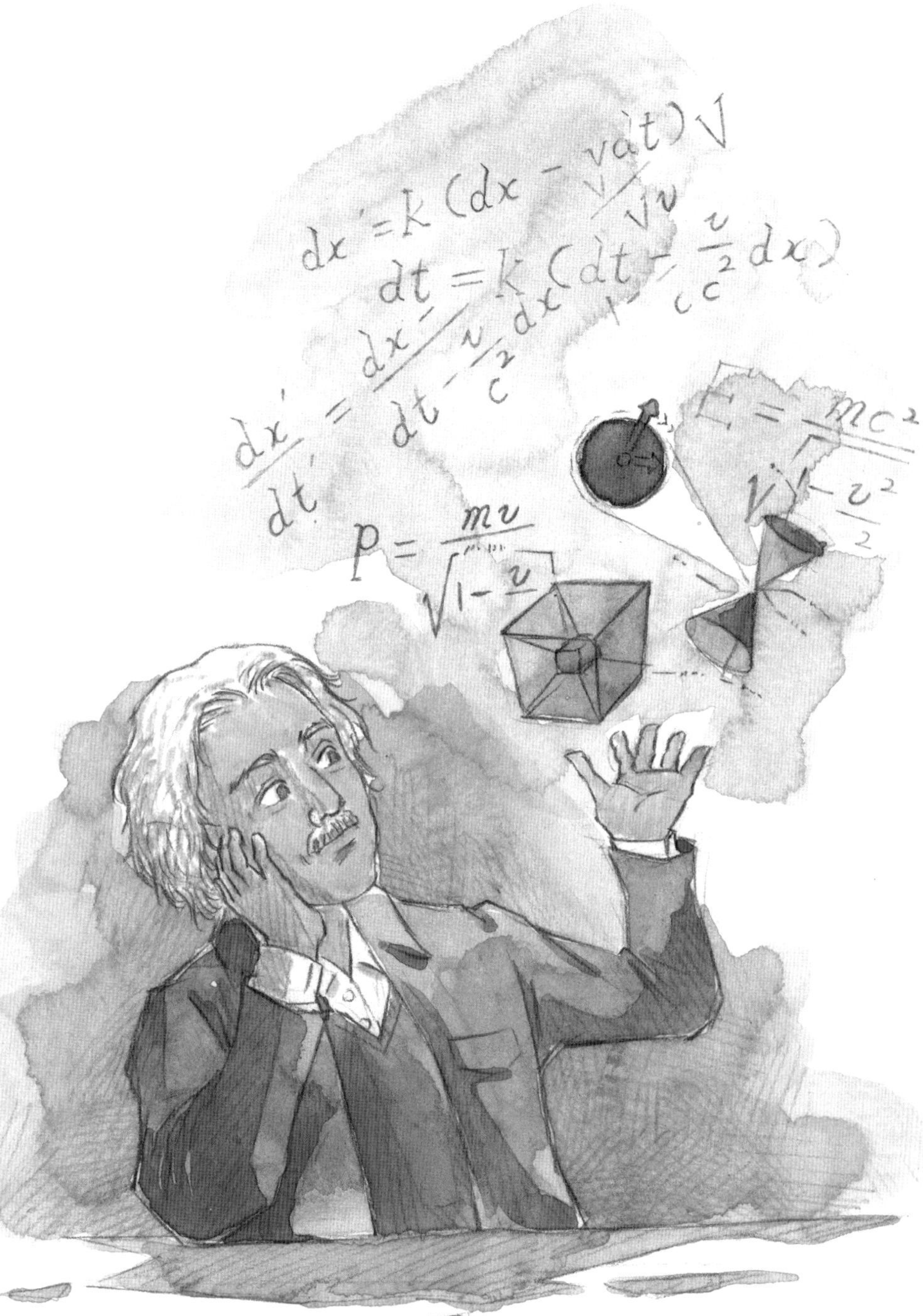

dx' = k (dx - vdt)
dt' = k(dt - v/c² dx)
p = mv/√(1 - v²/c²)
E = mc²/√(1 - v²/c²)

마흐는 이런 뉴턴의 태도를 전면적으로 부인했다. 과학은 신학이 아니라는 것이 마흐의 입장이었다. 설명할 수 없는 우주의 신비를 말하는 것은 예술가나 종교학자들의 몫이라고 그는 생각했다. 그는 또한 과학은 오직 정확한 실험 자료를 바탕으로 측정 가능한 것만을 믿어야 한다고 주장했다. 이런 방식은 오랫동안 과학자들의 지지를 받았다.

친구 베소를 통해 마흐의 책을 접했던 아인슈타인도 그의 주장에 크게 감동받았다. 그러나 아인슈타인을 감동시킨 것은 정확한 실험 자료를 바탕으로 측정 가능한 것만을 믿어야 한다는 마흐의 주장이 아니었다. 그보다는 기존의 과학 통념에 과감하게 문제를 제기한 마흐의 과학적 태도에 깊은 인상을 받았다. 기존의 이론에 반기를 제시하는 것, 그것이 바로 아인슈타인이 내놓을 새로운 이론의 의미이기도 했다.

실험으로 증명이 가능한 것만 인정한 마흐의 과학적 태도는 지극히 소극적인 것이었다. 물리학의 실험에는 두 가지 종류가 있다. 하나는 실험실에서 실험이 가능한 실제 실험이고, 또 하나는 상상 속에서 실험을 하는 사고 실험이다.

오늘날에는 사고 실험을 하는 이들을 이론물리학자라고 부르고 그것을 물리학의 한 범주로 인정하지만, 당시 마흐와 그의 지지자들은 그러한 사고 실험을 단순한 몽상으로 간주했다. 그것은 다르

게 생각하면 우주를 포함한 대자연의 법칙을 오직 사람이 이해할
수 있는 범위에서만 받아들이겠다는 뜻이기도 했다. 오차는 없겠
지만 발전은 더딜 수밖에 없었다. 게다가 당시의 과학 이론이나 실
험으로 증명할 수는 없지만 실제로 존재한다고 믿을 수밖에 없는
현상이 발견되었다. '전자'가 그 대표적인 경우였다. 대개의 사고
실험을 통한 이론은 과학 기술이 조금 더 발달한 뒤에 실제 실험을
통해 증명할 수 있기 마련인데, 마흐의 과학 태도는 그런 이론은 그
때 가서 믿겠다고 하는 것과 같았다. 모험이 없으니 발전도 있을 수
가 없었다.

그렇다면 대체 뉴턴 과학의 무엇이 문제이기에 이런 논란이 생겼
던 것일까. 뉴턴 물리학에서 가장 논란이 되고 있는 것은 빛이 무엇
으로 이루어졌는가 하는 점이다. 뉴턴은 빛이 알맹이와 같은 입자
로 이루어져 있다고 믿었다. 특히 빛은 이동할 때 입자들이 운동하
는 것처럼 직선 운동을 한다고 믿었다. 이것을 '입자설'이라고 한다.

그런데 입자설로는 설명할 수 없는 몇 가지 사례들이 있었다. 그
래서 뉴턴은 빛이 파동과 입자의 성격을 모두 가지고 있을지도 모
른다고 조심스레 말했다. 그것은 빛이 입자라는 말보다 더 모호했
다. 이럴 수도 있고, 저럴 수도 있다는 말은 이것도 저것도 모두 아
니라는 말과 같기 때문이다. 그래서 뉴턴의 계보를 잇는 물리학자
들은 대부분 빛의 입자설만을 받아들였다.

여기에 이의를 제기한 사람은 19세기 영국의 물리학자 토머스 영이었다. 그는 미세하게 뚫은 구멍이 있는 두 개의 막을 통과하는 빛의 모습을 예로 들어 빛이 입자가 아닌 하나의 파동임을 증명해 냈다. 그러나 파동설 또한 모든 상황에서 정확하게 맞지는 않았다. 60년쯤 후에 맥스웰이라는 과학자는 파동설을 한 단계 더 높여서 설명했다. 즉 빛은 단순한 파동이 아니라 전기력과 자기력의 합성으로 이루어진 전자기적 파동이라는 것이다. 맥스웰은 그 파동이 규칙에 따라 일정 부분 변화한다고 생각했다. 빛에 대한 맥스웰의 이론은 아인슈타인이 고등학교 시절에 했던 빛에 대한 생각과 일치했다.

아인슈타인이 특허청에서 근무를 할 수 있게 된 가장 중요한 이유는 바로 맥스웰의 전자기 이론에 특히 밝았다는 점 덕분이었다. 맥스웰의 전자기 이론은 아인슈타인이 직장을 얻는 데 도움을 주었을 뿐 아니라 초기 연구에도 많은 도움을 주었다.

'기적의 해' 1905년에 아인슈타인은 권위 있는 물리학 학술지인 『아날렌 데어 피지크』에 연달아 세 개의 논문을 발표했다. 박사 학위를 받지 못한 상태였기 때문에 논문이 실리고 내용을 인정받는 데는 다소 어려움이 따랐다. 하지만 논문의 주제가 가지고 있는 파격성만은 인정받았다. 그해에 그가 연달아 발표한 세 개의 논문은 각각 「열의 분자 운동에 필요한, 정지 상태의 액체에 붙어 있는 소립자의 움직임」, 「빛의 발생과 변화에 관련된 발견에 도움이 되는 견해에 대하여」, 그리고 「운동 중인 물체의 전기 역학」이란 제목이 붙어 있었다.

첫 번째 논문인 「열의 분자 운동에 필요한, 정지 상태의 액체에 붙어 있는 소립자의 움직임」은 브라운 운동을 이론적으로 설명한

것이다. 브라운 운동은 액체나 기체 안에 떠 있는 아주 작은 입자의 불규칙한 운동 현상이다. 1872년에 프랑스의 과학자는 이러한 운동이 열운동 때문에 움직이고 있는 액체 분자가 작은 입자의 표면과 충돌해서 일어난 현상이라고 주장했다. 이 이론은 아인슈타인에 의해 정확한 공식이 산출되면서 비로소 가설에서 하나의 이론으로 인정받을 수 있었다. 이로써 분자물리학에 새로운 국면이 열린 것이다.

두 번째 논문인 「빛의 발생과 변화에 관련된 발견에 도움이 되는 견해에 대하여」에서 그는 빛의 성질에 대해서 새로운 가정을 제시했다. 입자설과 파동설로 양분된 학설들 속에서 그는 빛이 파동적인 작용을 하는 동시에 입자에만 고유하게 나타나는 일정한 성질을 가지고 있는 개별적인 양자라고 주장했다. 이 개별적인 양자는 후에 광자라고 불리는데, 이 가정으로 인해 흔히 광전 효과라고 불리는, 빛을 비추었을 때 일어나는 몇몇 고체로부터의 전자(電子) 방출에 대한 설명이 가능해졌다. 광전 효과에 대한 그의 연구는 다른 학자의 실험을 통해 1912년에서 1915년 사이에 증명되었다. 이 논문은 아인슈타인에게 노벨상을 안겨 준 논문이기도 하다.

세 번째 논문인 「운동 중인 물체의 전기 역학」이 바로 그 유명한 특수 상대성 이론이다. 물론 이 논문에서 상대성 이론에 대한 모든 것이 등장하는 것은 아니다. 일종의 초안이라고 할 수 있는 논문이다. 하지만 이 논문은 상대성 이론을 처음으로 설명한 논문이라는 점에서 중요한 의미를 가지고 있다.

이 초기의 논문에서 아인슈타인은 모든 좌표계에서 빛의 속도가 일정하고 모든 자연법칙이 똑같다면, 시간과 물체의 운동은 관찰자에 따라 '상대적'이라고 가정했다. 이것이 바로 특수 상대성 이론이다. 이 논문이 발표된 후에 아인슈타인은 질량과 에너지의 관계에 대한 또 하나의 논문을 추가로 썼다. 이 논문에 모든 에너지는 질량을 가지고 있다는 가정이 나온다. 이 가정을 바탕으로 2년 후에 아인슈타인은 에너지와 질량에 관한 공식을 산출해 냈는데, 공식에 따르면 어떤 양의 물질이 갖는 에너지는 그 물질의 질량에 빛의 속도의 제곱을 곱한 값과 같다. 이 공식이 바로 $E=MC^2$이다.

모든 물질이 저마다의 에너지를 가지고 있다는 이 이론과 공식을 우주에 적용해서 이해하면 감동적일 만큼 아름다운 질서와 조화를 볼 수 있다. 뉴턴 시대의 고전 물리학에서 에너지와 질량은 서로 무관한 것으로, 에너지 보존의 법칙과 질량 보존의 법칙이 따로 존재했다. 그러나 아인슈타인은 이것이 서로 교환될 수 있다고 보았다. 그 대표적인 경우가 밤하늘에 빛나는 별이다.

우주에 존재하는 별은 몇 가지 종류가 있다. 우선 태양이 있다. 그리고 스스로 빛을 내지 못하고 태양의 빛을 반사하여 빛을 내는 행성이 있다. 우리가 익히 알고 있는 수성, 금성, 화성, 목성 등이 모두 행성이다. 우리가 살고 있는 지구도 행성 가운데 하나다. 위성은 그 행성의 주위를 도는 별로 달은 지구의 위성이다. 이것들을 제외하면 나머지 별들은 모두 항성이다. 태양의 빛을 반사하는 행성이나 위성과 달리 항성은 스스로 빛을 낸다.

아인슈타인의 상대성 이론이 나오기 전에는 별이 내는 빛의 에너지가 어디에서 비롯되는지를 알지 못했다. 그러나 질량과 에너지가 동등하다면 답은 간단히 나온다.

항성에서는 수소원자 네 개가 헬륨원자 하나로 바뀌는 핵융합 반응이 일어난다. 그런데 헬륨원자 하나의 질량은 수소원자 네 개를 합한 것보다 조금 가볍다. 쉽게 설명하면 이렇다.

사과 네 개를 가지고 주스를 만든다고 생각해 보자. 한 컵에 담긴 주스는 사과 네 개와 같은 질량을 가지고 있어야 한다. 그런데 만들어진 주스는 사과 네 개보다 가볍다. 사라진 질량은 어디로 갔을까.

아인슈타인은 이 사라진 질량이 에너지로 바뀌어 빛을 내는 것이라고 보았다. 이런 과정을 통해 별은 저 홀로 빛을 내는 것이다. 빛을 내면서 조금씩 작아진다. 불꽃에 태워져 재만 남은 종이처럼 말이다. 이 원리를 이해하면 우주의 기원도 짐작할 수 있다. 아인슈타인은 우주가 빅뱅 이후 남은 에너지로 형성되었다고 믿었다.

우주의 기원과 별빛의 비밀을 밝혀낸 이 아름다운 공식은 그러나 지구상에서는 가장 위협적이고 무서운 공식이 되었다. 사람들은 이 공식이 가져올 놀라운 위력을 어느 누구도 짐작하지 못했다. 이 간단한 공식에 원자폭탄의 가능성이 담겨 있으리라고는, 그리하여 전 인류의 생명을 위협하는 공식이 되리라고는 아인슈타인 자신도 미처 알지 못했다.

별은 어떻게 저 홀로 빛을 내는가

아인슈타인의 이론은 발표 당시에만 해도 쉽게 이해받지 못했다. 특히 상대성 이론이 그러했다. 졸업 논문으로 상대성 이론을 접수한 스위스 국립 공과대학은 그 논문을 이해할 수 없다는 이유로 가차 없이 되돌려 보냈다. 영국 신문은 상대성 이론이 추출해낸 $E = MC^2$이라는 공식을 두고 '상식에 대한 모독'이라고 말했다.

사람들의 반응이 그토록 회의적이었던 것은 특수 상대성 이론이 가지고 있는 파격적인 성격 때문이었다. 특수 상대성 이론은 하나의 물리학 이론으로 그치지 않았다. 그때까지 지배적이었던 갈릴레이나 뉴턴의 역학을 통째로 뒤흔들어 버린 새로운 개념이었다. 아인슈타인의 논문이 발표되기 전까지 사람들은 뉴턴의 절대 시간과 절대 공간에 대한 개념을 전적으로 받아들이고 있었다.

그러나 아인슈타인은 우리가 알고 있는 시간과 공간의 개념을 근본적으로 바꾸어 놓았다. 4차원이라는 이해하기 힘든 새로운 시간과 공간이 아인슈타인에 의해 발견된 것이다. 상대성 이론이 처음 발표되었을 때 『뉴욕 타임스』는 "전 세계에서 상대성 이론을 이해할 수 있는 사람은 열두 명밖에 없다"고 단언하기도 했다. 사람들이 당혹스러워하는 것도 당연했다. 나중에 아인슈타인의 친구가 된 배우이자 영화감독인 찰리 채플린은 자신이 만든 영화 〈모던 타임스〉 시사회에 아인슈타인 부부를 초청했다. 아인슈타인을 보기 위해 극장 밖에 숱한 인파가 몰려들자 채플린은 아인슈타인에게 말했다.

"저 사람들이 나에게 환호를 보내는 건 저들 모두가 나를 이해하기 때문입니다. 하지만 저 사람들이 선생에게 환호를 보내는 건 저들 중 누구도 선생을 이해할 수 없기 때문이지요."

아인슈타인과 뉴턴은 여러 가지 면에서 자주 비교가 된다. 한 사람은 현대 물리학, 또 다른 한 사람은 고전 물리학의 시대를 열었기 때문이다. 뉴턴은 아인슈타인이 가장 존경하는 물리학자였다. 그의 서재에는 평생 동안 뉴턴의 초상화가 걸려 있었다. 뉴턴이 페스트를 피해 조용한 시골 마을로 내려가 만유인력의 법칙을 밝혔듯이 아인슈타인은 고단한 생활을 피해 특허청의 작은 책상에 앉아서 상대성 이론을 생각해 냈다. 그러나 내용은 판이하게 달랐다. 아인슈타인이 써 내려간 새로운 물리학 이론은 뉴턴이 세운 물리학 이론을 완전히 반박하는 내용이었다.

어떤 면에서 아인슈타인의 상대성 이론은 뉴턴의 만유인력의 법칙을 재창조한 이론이라고도 평가받는다. 상대성 이론의 기본 가설은 얼핏 보기에는 뉴턴이 세운 이론이 틀렸음을 지적하는 것 같지만 실제로는 만유인력의 법칙으로는 설명할 수 없는 현상이나 모순에 대해서 보완하거나 수정하고 있기 때문이다. 뉴턴이 발견한 운동 법칙은 아인슈타인 연구의 중요한 출발 지점이었다. 19세기 물리학의 실증주의를 주도했던 마흐가 실험적으로 검증되지 않는 이론이 가지고 있는 모순을 극복하기 위해 증명할 수 있는 이론만 인정한다는 소극적인 연구 자세를 가지고 있었던 데 반해 아인슈타인은 그 모순이 무엇 때문에 비롯되는가를 더 깊이 파고들었다.

뉴턴과 아인슈타인 이론의 가장 큰 차이점은 우선 빛의 속도에 있다. 뉴턴은 빛의 속도는 누가 보아도 같다고 말했다. 모든 사람에게 동일한 속도로 빛은 전달된다는 것이다. 그러나 아인슈타인은 그 절대성을 부정했다. 만약 관측자가 움직일 경우, 그 움직임의 속도에 따라 빛이 전달되는 시간도 다르다는 것이 아인슈타인의 입장이다. 시간은 누구에게나 공평한 것이 아니라 속도에 따라 달라진다는 아인슈타인의 이론은 3차원의 공간에 시간을 더한 4차원이라는 새로운 공간을 창조해 냈다. 시간은 눈으로 볼 수 없는 것이기 때문에 4차원 또한 눈으로 확인할 수 있는 구조물로는 설명할 수 없다.

또한 뉴턴은 물체에 일정한 속도를 가하면 빛의 속도로 움직일 수 있다고 보았지만, 아인슈타인은 물체가 빛의 속도로 움직이기 위해서는 무한한 에너지가 필요한데, 우주에 존재하는 에너지의 양이 한정되어 있기 때문에 불가능하다고 말했다.

상대성 이론을 이해하기가 워낙 어렵기 때문에 아인슈타인은 종종 재치 있는 농담으로 상대성 이론에 대해 설명하기도 했다.

"미녀와 함께하는 한 시간은 일 분 같지만, 난로 위에 앉아 있는 일 분은 한 시간처럼 느껴지지요."

아인슈타인의 이론을 이해하는 데 있어 시간의 개념은 무척 중요하다. 그는 운동 법칙에 있어 시간이 중요한 요소임을 처음으로 밝혀냈다. 아인슈타인 이후 시간은 물리학 연구의 한 부분이 되었다.

지금도 불가사의하게 생각되는 건 한 해에 어떻게 그렇게 놀라운 논문을 세 편이나 쓸 수 있었는가 하는 점이다. 그리고 결코 실험을 통해 확인할 수 없는 상태에서 오직 상상력에 의존한 채 이론을 세운 점도 놀랍지 않을 수 없다. 하지만 아인슈타인이 그 모든 이론과 논문을 계산이나 실험을 통해 검증하는 과정을 거쳐서 정립하고 작성했다면, 상대성 이론은 탄생하지 않았을지도 모른다.

상대성 이론은 오로지 아인슈타인의 천재성에서 기인한 것이었다.

아인슈타인은 상대성 이론의 탄생에 대해서 이렇게 말한 적이 있다.

"특수 상대성에 대한 생각을 하고 그것을 글로 쓰기까지 걸린 시간은 4주에서 6주 정도입니다. 그렇게 짧은 시간에 논문을 쓰는 일이 가능했던 것은 그 이전에 오랜 시간 동안 관련 연구를 해 왔기 때문입니다."

아인슈타인은 그 이전의 연구를 건축용 블록을 모으는 일에 비유했다. 즉 이전까지 그가 했던 연구는 각각 조금씩 달라 보였지만 실제로는 하나의 집을 짓기 위한 소재였던 것이다. 특수 상대성 이론은 그 블록을 한 채의 집으로 쌓아올리는 것과 같은 작업이었다. 이는 '과학적 사고는 과학 이전의 사고'라고 말해 온 그의 주장과 일치하는 연구 방법이기도 하다. 준비되어 있는 블록 없이 땅을 고르는 일부터 해야 했다면 상대성 이론이라는 집을 짓는 데 더 많은 시간이 걸렸을 것이다. 사람들은 1905년을 기적의 해라고 부르지만 그것은 어느 날 갑자기 이루어진 기적이 아니라 오랜 연구와 탐구가 맺은 결실이었다.

아인슈타인이 상대성 이론에 대한 영감을 얻은 것은 아이들로부터였다. 그는 아이들이 시간을 알아가는 과정에 호기심을 느꼈는데, 바로 이런 호기심이 시간이란 무엇인가에 대한 전제로 이어진 것이었다.

아인슈타인은 실험실이나 과학적인 증명보다는 일상생활에서 갖게 되는 호기심을 기초로 연구를 하는 경우가 많았다.

"과학은 일상적 사고를 세련되게 만든 것에 불과합니다. 일상적 사고의 본질을 비판적으로 분석하지 않는 과학자는 앞으로 나아갈 수 없지요."

특수 상대성 이론이 알려짐에 따라 아인슈타인은 조금씩 처지가 나아졌다. 우선 그토록 원하던 교수 자리도 얻을 수 있게 되었다. 1909년에는 특허청을 떠나 취리히 대학 물리학과의 부교수로 자리를 옮겼다.

원래 취리히 대학 물리학과의 부교수는 아인슈타인의 친구인 아들러로 내정되어 있었다. 아들러의 아버지가 정치적으로 유력한 인사였던 데다 아인슈타인이 발표한 논문은 아직 그 가치를 제대로 인정받지 못하고 있었다. 교수 심사를 맡은 이들은 아들러를 뽑기로 결정을 내렸다. 그러나 아인슈타인의 능력을 높이 평가하고 있던 아들러는 자신의 실력이 아인슈타인에 미치지 못하기 때문에 당연히 그 자리는 아인슈타인이 맡아야 한다고 강력하게 주장했다. 아인슈타인의 평생을 두고 우정은 언제나 그의 편이었다.

그러나 아인슈타인은 그 이듬해 프라하 대학으로 자리를 옮겼다. 예전보다 더욱 높은 급여와 정교수 자리를 제의받았다. 아인슈타인의 영광스러운 나날은 계속되었다. 2년 만에 취리히로 돌아온 아인슈타인은 카이저 빌헬름 연구소와 베를린 대학에서 일하게 되었다.

연구소에서 아인슈타인은 발터 네른스터와 플랑크가 함께 연구를 했다. 두 사람 모두 당시의 저명한 물리학자로 세계적인 명성을 누렸다. 한편 베를린 대학은 그에게 강의나 실험 시간 등에 대한 책임과 의무를 부과하지 않고 오로지 연구에만 전념할 수 있도록 명예 교수직을 제공했다. 한때 조교 자리도 얻지 못해서 고통받았던 아인슈타인은 이제 이름 그 자체만으로도 커다란 명예의 상징이 되었다. 유럽 유수의 대학들은 보다 좋은 조건을 제시하며 아인슈타인을 '모셔 가기' 위해 애썼다.

교수로서의 아인슈타인은 학생 때만큼이나 엉뚱했다. 즉흥적이고 창의적인 그의 성격은 강의에도 그대로 반영되었다. 그는 사전에 미리 강의를 준비하는 법이 없었다. 무슨 이야기를 할지 염두에 두고 강의를 하러 가는 것이 아니라 그날 청중에게서 받은 인상에 따라 어떤 식으로 이야기를 할지, 얼마나 자세히 이야기 할지를 정했다. 그것은 과학자로서 아인슈타인이 가지고 있던 일종의 자신감의 표현이기도 했다.

하지만 때로는 이런 태도와 방식 때문에 곤란을 겪기도 했다. 아인슈타인은 물리학자치고는 수학에 능하지 못한 편이었다. 그래서 가끔은 강의실을 가득 채운 학생들 앞에서 칠판에 문제를 풀다가 간혹 잘못된 과정풀이를 하게 되는 경우도 있었다. 그로 인해 학생들의 반발을 사기도 했지만, 그가 유명해진 다음에는 이런 것마저도 오히려 흥미를 끄는 요소가 되었다. 학생들이 '수학 문제를 틀리는 교수'를 '곤경을 헤치고 나온 위대한 물리학자'로 새롭게 인식해준 덕분이었다.

아인슈타인은 이전보다 훨씬 안정적이고 편안한 환경에서 연구를 계속했다. 그는 자신의 특수 상대성 이론에 대한 연구를 보다 확장시킨 일반 상대성 이론에 대한 연구를 시작했다. 간혹 일반 상대성 이론이 나온 후에 특수 상대성 이론이 나온 것으로 잘못 알고 있는 사람들이 있는데, 이는 '일반'이라는 말과 '특수'라는 말에 대한 오해 때문이다.

어떤 현상이 '일반적'이라는 평가를 받기 위해서는 최소한 두 번이상 같은 결과가 나와야 한다. 그러나 아인슈타인의 특수 상대성 이론은 우주 공간에서의 현상과 자연법칙의 절대성에 대한 연구 이론이었다. 우주는 오직 하나의 존재이기 때문에 다른 경우에서는 어떤지 알 수 없었다. 그래서 이 이론은 '특수'라는 이름이 붙게되었다.

특수 상대성 이론이 발표된 지 10년이 지난 1916년에 발표된 일반 상대성 이론은 시간과 공간이 상대적이라는 개념을 강화하고, 또한 중력에 대한 새로운 이론을 정립했다.

어느 날 문득 아인슈타인은 '사람이 허공에서 떨어지면 자신의 몸무게를 느끼지 못할 것'이라는 생각을 했고, 이를 바탕으로 일반 상대성 이론을 써 내려갔다.

아인슈타인은 중력이 뉴턴이 말했던 것처럼 물질의 내부에 존재하는 힘이 아님을 증명했다. 시간과 공간 자체가 물질의 존재와 밀접한 관련을 맺고 있으며, 물체는 그 둘레의 공간을 변형시켜 만유인력의 장(場)을 형성한다는 것이 아인슈타인의 결론이었다. 일방적인 힘이 아니라 질량을 가진 물체 상호간에 작용하는 힘의 공간이라는 것이 아인슈타인이 내놓은 새로운 중력 이론이었다. 아인슈타인은 자신의 이론을 증명하는 사례로 태양을 지나는 별빛이 일정한 각도로 휘어지는 현상을 들었다.

물리학계는 다시 한 번 들썩거렸다. 중력에 대한 아인슈타인의 입장도 파격적이었지만, 빛이 구부러진다는 사실 자체도 새로운 이론이었다. 그때까지 뉴턴 물리학에서는 빛이 직선으로만 나아간다고 믿어 왔기 때문이다. 물론 지금도 여전히 빛이 직선으로만 나아간다는 믿음을 가진 사람들이 많다.

아인슈타인의 계산에 따르면 태양빛은 수성을 지날 때 1세기당

약 43초 각도로 휘어진다. 뉴턴의 중력 이론은 그동안 중력장이 약한 별들이 적색으로 보이는 이유에 대해서 설명하지 못했는데, 아인슈타인의 새로운 중력 이론은 이를 설명할 수 있었다. 아인슈타인의 중력 이론은 현재까지 나온 중력 이론 가운데 가장 정확하다는 평가를 받고 있다. 일반 상대성 이론으로 인해 천체 관측 기술은 비약적인 발전을 거듭하게 되었다.

그러나 1916년의 일반 상대성 이론은 아직 그만한 진가를 인정받지 못했다. 별빛이 구부러지는 현상은 개기 일식 때에만 측정할 수 있기 때문이다. 가장 가까운 개기 일식은 1919년에 있을 예정이었다.

드디어 1919년 5월 29일이 다가왔다. 런던 왕립학회는 기니 만에 있는 프린시페 섬에서 일식을 촬영하는 데 성공했다. 관측 결과가 어떻게 나올 것인지, 물리학계는 물론 일반 대중들의 관심도 여기에 집중되었다.

아인슈타인이 일반 상대성 이론에서 예측한 빛의 구부러짐 각도는 정확하게 맞아떨어졌다. 그의 조수는 이 사실을 통보받고 무척 기뻐하며 아인슈타인에게 이 사실을 전했다. 그러나 아인슈타인은 담담한 표정으로 대답했다.

"나는 이미 내 이론이 옳다는 것을 알고 있었네."

인간의 사고 범위를 넘어선 진리에 대한 아인슈타인의 직관은 언제나 놀라운 것이었는데, 이를 뒷받침하는 것은 그의 자신감이기도 했다. 때로는 오만할 정도의 자신감이 있었기 때문에 그는 남들의 견해에는 아랑곳하지 않고 자신이 옳다고 믿는 연구를 계속해 나갈 수 있었다.

그러나 아인슈타인은 예외적으로 영국의 천문학회에 특별한 감사 표시를 했다. 당시 아인슈타인이 살고 있던 독일은 영국과 전쟁 중이었다. 영국이 검증해 준 이론은 적국에서 발표된 것이었다. 그들의 관측은 적국에게 영예를 가져다 줄 수 있는 것이었다. 그러나 영국 천문학회는 국가 간의 이익을 생각하기 이전에 과학의 발전을 생각했다. 아인슈타인은 『런던 타임스』에 영국 천문학회에 감사하는 마음을 담은 글을 실었다.

전쟁 중에 적국에서 발표된 이론이 완성될 수 있도록 뛰어난 과학자들이 시간과 수고를 아끼지 않고, 과학 기관의 거대한 물적 수단을 동원하여 증명한 것은 영국의 위대하고 자랑할 만한 전통에 걸맞은 것이었습니다. 당신들에게 감사할 수 있는 기회가 주어져서 매우 기쁩니다.

이어서 그는 혹 자신의 상대성 이론이 영국의 위대한 과학자 뉴턴을 훼손했다고 여길지도 모른다고 우려하여 뉴턴의 이론은 여전히 위대하다는 점에 대해서도 찬사를 덧붙였다. 영국 과학자들의 진리를 추구하는 정신이 아니었다면 역사상 가장 위대한 발견은 전쟁이라는 소모적인 상황 때문에 어이없이 사라졌을 것이다. 아인슈타인은 진리를 추구하는 일에 국가 간의 이익이 개입하는 일이 얼마나 무모한가를 설명하기 위해 다음과 같은 설명을 덧붙였다.

독자들을 즐겁게 하기 위해 상대성 원리에 대한 쉬운 예를 하나 들겠습니다. 오늘날 저는 독일에서는 독일 학자로 불리고, 영국에서는 스위스의 유대인으로 불리고 있습니다. 그러나 만약 제가 어쩌다가 악한이라도 되면 독일인에게 있어서는 스위스의 유대인이 되고, 영국인에게 있어서는 독일 학자가 될 것입니다.

진리를 추구하는 과학 정신이 국가의 명예를 위해 오도되고 있는 상황을 빗댄 이 말은 아인슈타인의 유머 감각을 엿볼 수 있는 대목이다.

아인슈타인의 일반 상대성 이론이 검증됨에 따라 시간과 공간의 재구성이 완성되었다. 상대성 이론과 아인슈타인을 소개하는 수많은 신문 기사와 책들이 쏟아져 나왔다. 세상의 관심 또한 아인슈타인에게로 몰렸다. 강연과 글을 부탁하는 요청이 수없이 쇄도하였다. 그러나 그는 대부분의 요청을 거절하였다. 부탁과 요청을 일일이 들어줬다가는 연구에 할애할 수 있는 시간을 빼앗기기 때문이었다.

전쟁과 평화

아인슈타인의 역사적인 논문이 발표되는 동안 유럽에는 전운이 감돌고 있었다. 1차 세계대전의 어두운 그림자가 곳곳에 드리우기 시작한 것이다.

불행의 어두운 그림자는 아인슈타인의 집에도 손길을 뻗고 있었다. 특허청에 일을 얻고, 논문을 통해 명성을 얻으면서 누렸던 평안은 아주 잠시였다. 비 온 뒤에 땅이 굳는다고 하지만, 그렇지 않는 경우도 있었다. 결혼을 위해 아인슈타인 부부가 치러야 했던 혹독한 대가로 인해 그들 사이에는 회복할 수 없는 균열이 일어나고 있었다. 게다가 아인슈타인은 연구에 몰두하기 시작하면 다른 사적인 일은 모두 잊어버리는 성격이었다. 끼니를 거르지 않는 게 다행일 정도였다. 그는 가정을 위해 어떤 노력도 하지 않았다. 그에게는 늘 일이 최우선이었다.

한때 아인슈타인 못지않게 위대한 물리학자를 꿈꾸었던 밀레바의 가슴속에는 조금씩 불신이 자라나고 있었다. 아인슈타인이 일자리를 찾느라 시간을 보내고, 취직을 한 후에는 연구에 몰두하는 동안 밀레바는 혼자 아이를 낳아서 길러야 했고, 그로 인해 졸업 시험에서 낙제를 당했다. 결국 잃어버린 첫딸을 끝까지 지켜봐야 했던 사람도 밀레바 혼자였다. 집에 돌아와서도 아인슈타인은 친구들과 토론을 즐기느라 늘 바빴다. 연인으로서, 동료 연구자로서 견고했던 밀레바의 자리는 점점 사라지는 중이었다. 설상가상으로 1910년에 태어난 둘째 아들은 선천적인 정신장애를 안고 태어났다. 아인슈타인은 베소에게 아들의 상태가 좋지 않음을 걱정하는 편지를 보내며 덧붙였다.

그 아이가 어른이 된다고 해도 좋아질 것 같지는 않네. 그렇다면 차라리 인생을 알기 전에 세상을 떠나는 것이 더 나은 일이 아닐까 싶어.

아버지로서는 하기 어려운 극단적인 표현을 쓸 정도로 둘째 아들의 상태는 무척 심각했다. 하지만 아버지로서 아인슈타인이 할수 있는 역할은 아들을 걱정하는 것이 전부였다. 둘째 아들의 곁에

서 바라지를 하는 것은 밀레바 혼자의 몫이었다.

아인슈타인이 베를린 대학에서 강의를 하던 1914년, 밀레바와 아이들은 스위스로 휴가 여행을 떠났다. 그리 길지 않은 일정이었으나, 여행 중에 1차 세계 대전이 일어나면서 그녀와 아이들은 베를린으로 돌아올 수가 없었다.

아인슈타인 가족은 몇 년 뒤에 재회했지만, 이미 그때는 가족이라는 울타리가 붕괴되기 직전이었다. 아인슈타인을 다시 만난 밀레바는 아인슈타인의 가슴속 어디에도 자신의 자리가 남아 있지 않다는 사실을 깨달았다.

아인슈타인은 아들과의 관계도 그다지 좋지 않았다. 학창 시절에 권위에 반발하고 개성을 중요하게 여겼던 아인슈타인이지만 자신의 아들에게는 엄격했다. 하지만 아들의 공학 연구에는 이따금 관심을 보이기도 했다. 아들과 발명에 대한 이야기를 나눌 때가 유일하게 다정한 모습을 보이는 순간이었다. 그 순간에 아인슈타인은 전도유망한, 미완의 젊은 물리학자였던 베른의 특허국 시절을 추억하는 듯했다. 그 시절이 자신에게 가장 행복했다고 그는 주위 사람들에게 말하고는 했다.

아인슈타인과 이혼하고 아이들과 함께 스위스로 떠나면서 밀레바는 위자료로 아인슈타인의 노벨상 상금을 요구했다. 그런데 그때는 아직 아인슈타인이 노벨상을 수상하기도 전이었다. 그러나 아인슈타인 또한 밀레바의 요구에 흔쾌히 동의했다. 이 약속은 의미하는 바가 매우 크다. 아인슈타인의 노벨상 수상에 대한 확고한 믿음이 없다면 할 수 없는 약속이기 때문이었다.

밀레바는 아인슈타인의 노벨상 수상을 의심하지 않았다. 아인슈타인도 마찬가지였다. 그러므로 그 약속은 과학자로서 아인슈타인에게 보내는 밀레바의 믿음이자 한때의 동료 연구자로서 밀레바의 역할에 대한 아인슈타인의 감사가 동시에 담긴 약속이었다.

기적의 해 1905년 이전에 대학생이던 아인슈타인이 물리학 이

론에 관해 누구보다도 많은 토론을 했던 사람이 바로 밀레바였다. 상대성 이론의 어떤 블록은 밀레바의 몫이라고 보는 견해도 적지 않다. 설령 그 의견이 비약적인 추측이라고 하더라도 그녀는 상금 으로나마 노벨상의 일부를 받을 만한 자격이 충분히 있었다.

그러나 밀레바가 아인슈타인의 연구에 기여한 바가 있다는 일부 사람들의 인정이나 노벨상 상금이 그녀가 받은 상처까지 위로해 주지는 못했다. 밀레바는 남은 생애를 아인슈타인의 두 아들을 돌 보면서 보냈다. 그들이 헤어진 것은 일반 상대성 이론에 의한 빛의

구부러짐 현상이 영국 천문학회에 의해 증명된 1919년이었다.

한동안 독신자 아파트에서 살던 아인슈타인은 사촌 엘자와 재혼했다. 엘자는 밀레바와는 정반대의 성격을 지닌 사람이었다. 오직 가사에만 충실했을 뿐 그의 연구에 대해서는 알려고 하지 않았다. 오로지 안주인으로서의 역할이 엘자의 몫이었다.

엘자와 아인슈타인이 가까워지게 된 것은 아인슈타인이 위궤양을 앓았을 때 엘자의 간호를 받으면서부터였다. 아직 밀레바와 이혼하기 전이었지만 파경이 예고되어 있는 결혼생활과 병으로 몸과 마음이 약해진 아인슈타인은 엘자에게 적지 않은 위로를 받았다. 엘자가 이미 한 번 결혼했다가 이혼한 경험이 있는, 두 딸의 엄마라는 점이 특히 아인슈타인에게 와 닿았던 듯싶다. 그들은 서로 동병상련의 감정을 느꼈다.

엘자는 아인슈타인의 남은 생애 동안 동반자로 살았다. 아인슈타인은 엘자의 두 딸들과도 사이가 좋았다.

하지만 아인슈타인과 엘자의 가정생활이 마냥 순탄하지만은 않았다. 나중에 아인슈타인은 자서전을 통해 "이혼은 내 인생을 어둡게 한 비극의 시초였다"고 밀레바와 이혼한 일을 후회하는 듯한 뉘앙스를 풍겼다.

특히 밀레바와 이혼하면서 두 아들과 헤어져 살았던 점을 그는 내내 마음 아파했다. 우주는 그의 머릿속에서 조화로운 질서에 따라 재편되었지만 가족은 그렇지 못했다. 물론 엘자는 밀레바 못지않은 좋은 아내였다. 엘자와 사는 동안 아인슈타인은 전에 볼 수 없이 멋진 패션 감각을 선보이기도 했다. 그러나 안정적인 가정을 꾸리지 못했다는 사실은 아인슈타인에게 적지 않은 열등감을 주었다. 그는 "결혼이란 아주 사소한 것에서 무언가 지속적인 것을 찾아내려는 부질없는 수고"일 뿐이라고 냉소적으로 말하면서, 동시에 친구 베소의 아들에게는 "내가 베소에 대해 가장 존경하는 부분은 오랫동안 한 여자와 평화롭게 살고 조화로운 가정을 꾸려 나갔다는 점이라네. 나는 두 번이나 실패했는데 말이지"라며 부러움이 담긴 편지를 쓰기도 했다.

어수선한 것은 아인슈타인의 가정뿐만이 아니었다. 당시 유럽 정세를 생각하면 한 가정의 혼란은 지극히 사소한 일에 불과했다. 1차 세계 대전을 전후로 독일의 정치적 상황은 점점 나빠져 갔다. 독일을 중심으로 세계를 재편하려는 움직임이 일어났다. 유대인들에 대한 탄압이 본격적으로 시작되기 전이었지만 분위기는 매우 살벌했다. 아인슈타인은 그런 분위기 속에서 아주 좋은 표적이었다.

아인슈타인은 평소에 공공연하게 독일의 군국주의를 비판해 왔기 때문이었다. 독일인들은 아인슈타인의 평화주의도, 명성도 모두 마음에 들어 하지 않았다. 가장 나쁜 건 그가 유대인이라는 사실이었다.

1920년 아인슈타인과 그의 상대성 이론을 공격하기 위한 모임이 생겨났다. 반유대 운동은 사실상 반상대성 이론, 혹은 반아인슈타인 운동에서부터 출발한 셈이었다. 그들은 상대성 이론이 유대적이며 공산주의적일 뿐만 아니라 독일 과학의 순수성을 해치고 있다고 비난했다.

　　그해 8월 25일, 베를린 필하모닉 홀에서는 반상대성 이론 대중 집회가 열렸다. 독일 신문은 이 사실을 대서특필했다. 몇몇 과학자가 이런 운동의 비합리성에 대해 반대하는 성명을 발표했지만 오직 정치적인 이념 때문에 아인슈타인의 이론을 반박하는 과학자들도 적지 않았다. 그들 중에는 과거에 아인슈타인의 연구를 두고 지지와 찬사를 보냈던 이들도 있었다. 이들 대부분은 후에 나치의 당원으로 활동했다.

　　그런 분위기에서 '가장 유명한 유대인'인 아인슈타인의 역할은 매우 중요했다. 어려서부터 집단주의에 대해 반발해 왔던 아인슈타인은 독일을 비롯한 몇몇 열강들의 국가주의를 비난했다. 상대성 이론에 대한 강의를 하러 다니는 동시에 그는 평화를 위한 각종 집회에 참가하고, 평화 선언문에 기꺼이 서명했다.

　　사실 아인슈타인은 자신이 유대인이라는 점을 특별히 의식하고 있지 않았다. 오히려 그는 종교를 믿지 않는 편이었다. 막스 탈무드에게 철학을 배우던 열두 살 무렵부터 그는 유대인으로서의 종교 의식도 갖지 않았다. 그래서 유대인이라는 이유로 비난을 받던 1920년 가을에 아인슈타인은 오히려 베를린의 공인 유대인 협회에 편지를 보내어 더 이상 회비를 내지 않겠다고 했다.

제 자신이 유대인이라는 점은 누구보다도 철저하게 인정하고 있지만 저는 그 전통적인 종교 형식으로부터는 이미 멀어져 있습니다.

당시 독일에서는 누구나 특정 종교 단체에 가입해야 하고, 그 단체에 회비를 내야 했다. 하지만 아인슈타인은 누구라도 종교 단체에 가입하도록 강요당해서는 안 된다는 입장을 취했다. 따라서 자신은 무종파로 남을 것이라고 선언했다. 그는 종교 단체에 회비를 내지 않는 대신 협회의 복지 부문에 해마다 자발적으로 기금을 냈다.

그가 유대인 협회의 회원이 된 것은 1924년의 일이었다. 종교적인 차원이 아닌 문화적인 차원에서 가입을 권유하는 주위의 설득에 공감했기 때문이었다. 반유대주의의 급속한 성장도 유대인 협회에 가입하겠다는 결심을 굳히는 데 한몫했다. 아인슈타인은 유대인으로서 자신이 지켜야 할 책임이 있다고 생각했던 것이다.

1931년 3월 영국에 있는 차임 바이츠만으로부터 연락이 왔다. 후에 이스라엘의 초대 대통령이 된 그는 당시 시오니스트들의 지도자였다. 그는 아인슈타인에게 예루살렘에 헤브라이 대학을 세울 계획이며 이를 위한 미국에서의 모금 여행에 아인슈타인이 참가해 주기를 희망한다고 말했다. 처음에 아인슈타인은 이 제안을 거절했다. 시오니즘이란 데어도르 헤르출이 제안한 것으로 유대인의 고국을 만들겠다고 하는 거대한 꿈이었다. 오늘날의 이스라엘이라는 나라는 그때까지만 해도 지도상에 존재하지 않았다.

실현 불가능해 보이는 시오니스트들의 꿈은 구체화되기 시작했다. 민족주의를 이기적이라고 생각해 온 아인슈타인마저 시오니즘에 동참했던 것이다. 당시의 유럽에서 유대인으로 살아간다는 것은 생명조차 보장받기 어려운 상황이었다. 아인슈타인은 모금을 위한 연설은 취향에 맞지도 않을 뿐만 아니라 시오니즘에 자신의 이름이 이용되는 게 싫다고 했지만, 곧바로 마음을 바꿔 수락했다. 유대인에 대한 이유 없는 핍박이 국가적으로 행해지고 있는 상황에서는 그들을 위한 정치적이고 실제적인 고국이 필요하다고 생각했기 때문이었다.

아인슈타인이 미국을 방문한다는 사실이 알려지자 수많은 강의 요청이 쇄도했다. 콜롬비아 대학은 그에게 메달을, 프린스턴 대학은 명예학위를 수여하고 싶어 했다. 당시 미국은 독일과 맞서 싸운 나라 가운데 하나였다. 그러나 미국인은 적국의 나라에서 온 과학자를 열히 환영했다. 마치 그는 전쟁 영웅 같았다. 대통령은 그를 백악관으로 초대했다.

유수의 대학에서 그가 행했던 강의 내용은 지금도 책으로 엮여 출판되고 있다. 특히 프린스턴 대학에서 강의하는 도중 그는 상대성 이론으로 설명이 되지 않는 몇 가지 이론에 대한 질문을 받았다. 우주의 질서와 그 질서를 유지하는 배후의 힘을 묻는 질문에 대해 그는 "신은 교활하지만 심술궂지는 않다"고 대답했다. 이 말은 프린스턴 대학이 1930년 수학을 위해 세운 특별한 건물의 벽난로 대리석에 새겨져 있다.

아인슈타인의 모금 여행은 성공적이었다. 바이츠만과 아인슈타인은 짧은 방문으로 수백만 달러를 모으는 데 성공했다. 이 강연 여행은 아인슈타인 자신에게도 큰 영향을 미쳤다. 그는 자신이 유대인임을 새삼 깨달았다. 시오니즘은 이제 그의 중요한 사명 가운데 하나가 되었다.

그런 결심을 한 덕에 아인슈타인의 명성은 점점 높아졌지만 그만큼 그를 반대하는 세력도 기하급수적으로 늘어났다. 폭력 우익 활동가들의 암살 명단에는 아인슈타인의 이름이 빠지지 않았다. 그의 이름이 암살 대상자의 이름으로 오르내리자 이제까지 그와 가깝게 지내려고 했던 사람들이 그를 피하기 시작했다. 그와 친분이 두텁다는 이유만으로 자신도 암살 대상이 될 수 있다고 두려워했기 때문이다.

친구와 동료들은 아이슈타인에게 당분간 베를린을 떠나 있으라고 조언했다. 특히 독일에서는 절대 공개적인 모임에 참여하지 말라고 충고했다. 아인슈타인은 친구들의 부탁들 받아들여 1922년 9월에 열리는 과학자·의학자들의 회의에서 하기로 했던 강연을 취소했다. 그러나 그해에 베를린에서 열린 반전 평화집회에는 버젓이 모습을 드러내 자신의 용기와 신념을 보여 주었다.

아인슈타인은 일본 여행길에 올랐다. 일본의 한 출판사가 초청을 해서 이루어진 일이었다. 일본에서도 아인슈타인의 인기는 대단했다. 그도 그럴 것이 일본에 도착하기 며칠 전, 아인슈타인에게 노벨상이 수여되었다는 소식이 전해졌기 때문이다.

수상 공로는 상대성 이론이 아니라 「이론물리학에 대한 공헌에 대해, 특히 광전 효과에 합치하는 법칙의 발견에 대하여」였다. 상대성 이론이 제외된 것은 우선 너무 어려운 데다 실험을 통한 입증이 아직 이루어지지 않았기 때문이었다. 상대성 이론의 가치를 온전히 이해할 수 있는 사람이 많지 않다는 것도 수상 공로에서 상대성 이론이 제외된 이유였다. 게다가 상대성 이론이 아인슈타인에 대한 하나의 상징처럼 받아들여지면서 과학적으로는 물론 정치적으로도 과도한 공격을 받고 있었다. 그리고 광전 효과만으로도 노벨상을 수상할 충분한 자격이 되었다.

전 세계적으로 명망 있는 인물인 아인슈타인이 방문한다는 사실자체만으로도 일본을 들뜨게 만들었지만, 그가 노벨상을 수상한 이

후 처음으로 방문한 곳이라는 사실에 일본은 의미를 부여했다. 아인슈타인이 일본에 머물러 있는 동안 그의 동향을 수시로 본국에 보고해야 했던 주일 독일 대사는 아인슈타인의 일본 방문을 개선 행진에 비유했다. 어디를 가든 수많은 군중이 그를 보기 위해 몰려들었다.

아시아의 이국적인 아름다움에 매료되기는 아인슈타인도 마찬가지였다. 일본에서 그는 모처럼 평안하고 자유로운 휴식을 취할 수 있었다.

하지만 아인슈타인의 생에 드리워진 아이러니의 짙은 운명은 훗날 원폭 투하라는 거대한 버섯구름과 함께 그를 고통의 시간 속으로 내몬다. 히로시마와 나가사키에 원자폭탄이 떨어졌을 때 아인슈타인의 괴로움은 이루 말할 수 없을 정도로 컸다. 아인슈타인이 원자폭탄을 제조하는 데 관여한 적은 없지만 가공할 만한 위력을 지닌 살상무기가 만들어진 기본 공식을 도출해 낸 사실만은 부인할 수 없었기 때문이었다.

아인슈타인이 일본에 머물러 있는 동안 독일과 스위스 사이에 노벨상을 둔 해프닝이 벌어지고 있었다. 수상자가 노벨상을 직접 받으러 가지 못할 경우 스웨덴에 있는 수상국의 대사가 대신 수여받는 것이 관례였다. 스위스 시민권을 가지고 있던 아인슈타인은 당연히 스위스 대사에게 대리 수상을 부탁하고 싶었다. 그러나 아인슈타인을 맹렬하게 공격하던 독일이 엉뚱하게도 그 권리가 자국에게 있다며 이의를 제기했다. 결국 이 문제는 독일에 있는 스웨덴 대사가 아인슈타인에게 개인적으로 증서와 메달을 전달하는 것으로 마무리되었다.

일본에 이어서 아인슈타인이 방문한 곳은 유대인들의 새로운 조국이 건설될 지역인 팔레스타인이었다. 헤브라이 대학이 세워지기로 되어 있는 예루살렘에서 아인슈타인은 강연을 했다. 그러나 그는 유대 사원에 있는 통곡의 벽에서 울며 기도하는 유대인들의 모습을 그리 달가워하지 않았다. 그는 그 모습을 두고 일기에 "과거만 있고 현재가 없는 사람들의 비참한 광경"이라고 적었다.

여행은 계속되었다. 스페인에서는 왕실용 차량으로 철도 여행을 했다. 환대는 고마운 일이었지만 소박한 품성의 아인슈타인은 극진한 대접이 점점 버거워지기 시작했다. 결국 그는 철도 여행 도중에 자신의 최고급 좌석을 박차고 일어났다. 그리고 아내에게 말했다.

"당신은 좋을 대로 하시오. 하지만 난 3등차로 옮겨야겠소."

여행을 하지 않는 동안은 베를린에서 바이올린을 연주하며 지냈다. 전문 연주가의 실력에는 미치지 못했지만 아인슈타인의 연주는 아마추어 수준은 훨씬 뛰어넘는 것이었다. 1920년대의 독일은 정치적으로는 암울했지만, 과학과 예술은 황금시대를 맞이하고 있었다. 아인슈타인은 음악가들과도 친분이 두터웠다. 바이올린을 연주할 때 아인슈타인은 음악 속에 몸을 묻은 것처럼 온 정신을 음악에 쏟았다.

음악은 그에게 또 다른 우주였다. 음악을 통해 그는 좋은 친구들과 우정을 나눌 수 있었다. 벨기에 여왕과의 우정은 살아 있는 동안 계속되었다. 아인슈타인의 교제 범위는 무척 넓었다. 물리학자를 꿈꾸던 어린 시절, 과학을 공부하기 이전에 철학을 통해 논리적으로 사고하는 훈련을 했던 아인슈타인은 과학 이외에 철학과 문학, 음악에도 관심이 많았다. 정신의학 연구로 유명한 지그문트 프로이트와 소설가인 토마스 만, 프란츠 카프카와 우정을 나누었고, 인도의 타고르를 만나기도 했다. 인도의 간디는 평화주의에 대해 교감하는 가장 좋은 친구였다. 무성영화의 전설적인 배우이자 감독인 찰리 채플린은 자신의 새로운 영화가 극장에 걸릴 때면 아인슈타인을 시사회에 초청했다. 그와 친분을 쌓은 이들은 평화를 지지한다는 공통점을 가지고 있었다.

명성은 그를 잠시도 가만 내버려두지 않았다. 아인슈타인은 필요에 의해, 때로는 어쩔 수 없는 요청에 의해 자신을 원하는 장소에 나가고, 자신의 이름이 필요한 문서에 서명을 했지만 가끔은 그런 상황에 짜증을 내기도 했다. 아직도 해야 할 연구가 많이 남아 있는데, 다른 일들로 연구에 적잖은 방해를 받았기 때문이었다.

평생 동안 연구를 계속했지만 물리학자로서 아인슈타인의 직관은 1925년 인도 출신의 물리학자인 보스와 함께 응축 현상을 발견한 것을 끝으로 더 이상 발휘되지 못했다고 보는 견해가 많다. 하지만 그를 사랑하는 사람들은 판독할 수 없는 낙서 형태로 남은 그의 메모 가운데 어쩌면 그가 그토록 증명하고 싶어 했던 통일장 이론의 비밀이 적혀 있지 않을까 생각하고 있다. 양자의 비밀을 밝히기 위해 써 내려간 통일장 이론은 아인슈타인이 말년까지 붙잡고 있던 숙제였다.

아인슈타인의 이론이 발표된 이후 과학은 급속도로 발전했지만, 아인슈타인의 연구 결과는 예전처럼 큰 진전을 보이지 못하고 있었다. 어쩌면 평생 해야 할 일을 너무 빨리 해낸 것인지도 몰랐다. 아인슈타인 자신도 그 사실을 깨닫고 있었다.

"난 상대성 이론에 쏟아 부은 것보다 백 배가 넘는 정열을 양자역학에 쏟아 부었어."

이렇다 할 성과를 내지 못한 양자역학 연구는 그에게 큰 마음의 짐이었다. 그는 자신의 양자이론이 맞았음을 증명하기 위해 무던히 노력했지만, 결국은 양자이론에 관한 한 자신이 틀렸음을 사망하기 직전에 인정했다.

아인슈타인은 통일장 이론을 연구하던 중에 과로로 쓰러져 병원에 입원하기도 했다. 쓰러진 그를 발견한 비서에게 그는 "어린아이의 시체, 여기 잠들다"라고 말했다. 오직 직관에 의존하여 풀어낸 엄청난 우주의 비밀과 혼란에 빠진 현실 세계의 어려움은 명성이 높아질수록 아인슈타인을 피로하게 만들었다.

스물여섯의 나이에 그가 이뤄낸 성공의 무게는 남은 생을 무겁게 짓누르고 있었다. 박사 학위가 없다는 이유로 과학사의 어떤 이론보다 독창적이고 위대하다는 상대성 이론의 진위를 의심받았던 젊은 물리학자는 이제 실패한 이론조차 명성을 가져다주는 권위를 갖게 되었다. 아인슈타인은 그러한 어처구니없는 상황에 대해 자조했다.

"신은 권위를 부정한 나를 벌하기 위하여 나 자체를 하나의 권위로 만들어 버린 것 같습니다."

1929년 50번째 생일을 맞아 베를린 당국은 아인슈타인에게 그가 원하는 토지와 별장을 생일 선물로 주겠다고 약속했다. 마침 아인슈타인이 지목했던 곳은 주인이 따로 있는 곳이어서 대신 다른 장소를 골라 계약을 하게 되었다. 그러나 반아인슈타인 단체를 중심으로 베를린 시가 그를 위해 기금을 사용하는 것을 반대하는 여론이 크게 일어났다. 결국 아인슈타인은 공식적으로 선물을 사양했다. 하지만 아인슈타인은 계약을 한 사람을 위해 직접 자신의 저금을 몽땅 털어 땅을 샀다. 우스운 해프닝이었지만 다행히 그 땅은 아인슈타인의 마음에 들었다. 이따금 그 조용한 곳에서 아인슈타인은 휴가를 보냈다. 그 짧은 몇 번의 휴가가 독일에서 그가 보낸 마지막 시간이기도 했다.

몇 년이 지나 히틀러가 독일의 총통이 되었다. 유대인을 향한 대환란이 시작된 것이다.

4장

말년의 안식처, 우주

세상으로부터의 고립

1930년, 아인슈타인은 캘리포니아 공과대학의 객원교수 자격으로 미국을 처음 방문했다. 아인슈타인은 선택의 기로에 섰다. 독일에서는 나치당이 급격하게 세력을 확장해 나가면서 유대인들을 위협하고 있었다. 그리고 전 세계적으로 전운이 감돌고 있는 상황에서 독일로 돌아간다는 것은 목숨을 버리는 일이나 마찬가지였다. 결국 그는 망명을 선택했다.

당시 미국 대통령은 루스벨트였다. 그는 아인슈타인을 백악관에 초대하여 자주 대화를 나누었다. 1932년에는 아브라함 플렉스너가 유대인 자선가 남매의 도움을 받아 첨단 장비를 갖춘 연구소를 세우면서 아인슈타인을 초빙했다. 그는 아인슈타인의 명성에 걸맞

은 대우를 하기 위해 아인슈타인에게 원하는 급여를 적어서 보내라고 했다. 고심 끝에 아인슈타인이 보내 온 답장은 미국 학자들의 평균 급여보다 훨씬 적은 액수였다.

연구소가 있는 곳은 프린스턴이었다. 아인슈타인은 남은 생을 이곳에서 보내며 통일장 이론 연구에 매진한다.

아인슈타인이 미국으로 망명할 당시 미국 학계에서는 아인슈타인을 반겼지만, 정계와 종교계에서는 그렇지 않았다. 아인슈타인이 주장한 평화주의는 흑백 논리의 가치관 속에서 사회주의로 오해되기도 했고, 그 역시 사회주의자라는 비판을 당해야 했다. 당시 전쟁을 일으킨 나라들의 배후에 사회주의 국가들이 자리 잡고 있었기 때문에 유럽은 물론 미국에서도 사회주의는 척결해야 할 사상으로 몰려 있었다. 종교계에서는 우주의 근원이 신과 무관하다는 아인슈타인의 이론이 반발을 샀다.

아인슈타인이 발견한 $E = MC^2$은 우주가 어떻게 생성되고 어떻게 존재하는가를 말해 주는 법칙이기도 하다. 물체가 가진 질량은 그 물체가 가진 에너지와 같다는 내용의 이 법칙을 통해 별이 어떻게 홀로 빛을 내는지를 앞에서 설명했다. 자신의 질량을 태워 빛을 내는 별은 그 때문에 점차로 줄어든다. 그러나 그 빛을 받아들이는 물질의 질량은 점차 늘어난다. 식물의 광합성을 생각하면 이해하기 쉽다. 식물이 자라기 위해서는 적당한 양의 햇빛을 필요로 한다는 사실은 누구나 알고 있을 것이다. 태양은 자신의 질량으로 빛을 내고, 그 빛을 받아들인 식물은 광합성을 통해 성장하게 된다. 이런 식의 주고받음을 통해 우주 전체의 질량은 보존되는 것이다.

또한 아인슈타인은 우주가 어떤 절대자의 창조물이 아니라 거대한 빅뱅 이후에 끝없이 핵분열하고 있는 자생력 있는 공간이라고 생각했다. 아인슈타인은 신을 믿었지만, 그것은 종교인들이 생각하는 것과 같은 유일신이 아니었다. 질량과 에너지의 교환을 통해 존재하는 모든 만물이 저마다 서로에게 하나의 신이라는 것이 아인슈타인의 종교관이었다. 종교 지도자들이 보기에 이것은 지극히 이단적인 사고방식이었다.

아인슈타인은 과학과 종교가 서로 연결되어 있으며 무척 조화로운 관계 속에 놓여 있다는 사실을 설득하려고 애썼다.

"과학에서의 모든 의미 있는 사유는 깊은 종교적 감동에서 비롯된다는 것이 나의 생각입니다. 나는 또한 이 같은 종류의 신앙이 이 시대에 우리가 할 수 있는 유일한 종교적 행위라고 믿습니다."

한편 반유대주의자들은 유대인인 아인슈타인이 대중적인 스타가 된 것을 못마땅하게 여겼다. 1932년 아인슈타인이 미국 비자를 신청하자 '아메리칸 애국 여성 모임'이라는 단체는 그가 사회주의자라는 이유로 강력하게 입국을 반대했다. 이 단체의 단체행동이 예상외로 거세어지자 아인슈타인은 특유의 냉소가 담긴 농담을 하기도 했다.

"내 생애 이토록 많은 여성으로부터 거절당해 본 적은 없습니다. 그것도 한꺼번에."

미국 정부는 표면적으로는 아인슈타인의 망명을 환영하는 뜻을 밝혔지만 그에 대한 은밀한 반감과 의심의 눈초리는 미국에서 사는 내내 쫓아다녔다. 아인슈타인이 미국에서 보낸 남은 생애 동안 첩보 기관인 FBI 요원들이 그에 대한 관찰 보고서를 썼다는 것은 널리 알려진 사실이다. 그런데 그 내용이 너무나 허무맹랑하기 짝이 없다. 첩보 기관에서 나온 보고서라기보다는 엉터리 탐정소설을 읽는 것 같아 웃음을 자아낸다. 가령 그들의 보고서에는 아인슈타인이 미국 고위 군사 지도자들의 생각을 읽는 로봇을 만들고 있다거나, 할리우드 스타를 이용해 반란을 준비하고 있다는 내용에서부터 그가 조만간 소련으로 이민을 갈 거라는 내용까지 들어 있었다.

인간 자체보다는 어떤 이념을 믿느냐가 더 중요하게 여겨지던 때였기 때문에 가능한 일이었지만 그냥 웃음으로 넘기기에는 다소 씁쓸한 해프닝이라고 할 수 있다. 국가의 권력을 반대하고, 평화를 주장하는 사람이 과학사에서 가장 진보적인 과학 이론을 쓴 천재이기도 하다는 사실은 권력가들에게는 큰 부담으로 작용할 수도 있었을 것이다.

1933년 1월 독일에서는 히틀러가 총통에 취임했다. 아인슈타인은 독일 내에 있는 프로이센 아카데미를 탈퇴하고 독일 시민권을 포기했다. 나중에 이 사실을 알게 된 나치 당원들은 그들이 먼저 시민권을 박탈할 기회를 놓친 것에 대해 잔뜩 약이 올랐다. 대신 그들은 아인슈타인의 토지와 은행 예금을 몰수하고 그의 저작물을 모닥불 속에 던져 태워 버렸다.

미국에서 사는 동안 아인슈타인은 물리학자보다는 사회 지도자와 같은 역할을 했다. 그는 평화주의를 지지하기 위한 각종 단체에서 활동했고, 이스라엘 건국을 위한 각종 모금 운동에도 꾸준히 참가했다.

과학의 발달이 점차 전쟁과 긴밀한 연관을 맺으면서 아인슈타인은 과학자로서 또 다른 사명감을 느꼈다. 그는 1932년 제네바에서 개최하기로 했던 세계비무장회의를 위해 아인슈타인 반전기금을 설립하기도 했다. 그러나 이 회담이 실패하면서 세계 평화를 위해 자신이 해 왔던 노력에 대해 회의를 품게 되었다. 그는 평화를 위한 세계 정부의 수립을 주장하기도 했지만 그것은 한 과학자의 이상일 뿐이었다. 평화를 향한 의지에는 공감하지만 자국의 이익 앞에서는 각국의 지도자들은 모두 고개를 숙였다. 명망 있는 인사들과 함께 국제적인 평화 조직 운동을 했던 아인슈타인은 후에 그것이 자신이 평생 했던 일 가운데 가장 무력한 것이었다고 말했다.

전쟁을 겪으면서 평화에 대한 아인슈타인의 입장도 조금씩 변화를 겪게 된다. 인간이 저지를 수 있으리라고 상상할 수 없는 만행이 전쟁을 통해서 공공연하게 저질러지는 현장을 목격한 그는 줄곧 군대의 창설을 반대했던 종전의 태도를 바꾸었다. 아인슈타인은 나치가 저지르고 있는 전쟁의 야만스러운 모습을 보면서 1933년 7월 20일 군대의 필요성을 주장하는 글을 썼다.

벨기에가 오늘의 독일에 점령되었다고 상상해 보십시오. 나는 솔직히 말씀드리겠습니다. 내가 벨기에 국민이라면 현재의 상황에서는 군복무를 거부하지 않겠습니다. 오히려 그것이 유럽의 문명을 구하는 길이라 여기고 기꺼이 군복무를 할 것입니다.

그러나 아인슈타인은 자신의 궁극적인 희망이 결국에는 군대가 사라지는 것이라고 힘주어서 말했다. 군대가 필요한 시기는 어디까지나 야만적인 전쟁이 벌어지고 있는 시대에 한정된 것이었다. 아인슈타인이 군대의 필요성을 피력한 이유는 자유 국가들이 막강한 군사력을 가진 침략자들의 지배를 받게 될지도 모른다는 위기의식 때문이었다. 하지만 이 글을 읽은 평화 운동가들은 그를 배신자라고 생각했다.

자유 국가의 전쟁 자금을 원조하기 위해 그는 자신의 논문 원본을 경매에 내놓기도 했다. 그러나 경매에 내놓기로 한 논문 가운데 하나는 원본이 없었다. 할 수 없이 아인슈타인은 출간된 논문을 비서가 읽어 주는 대로 다시 받아쓰셨다. 그러던 중 어느 대목에서 아인슈타인은 놀라서 외쳤다.

"내가 그런 말을 한 적이 있던가? 지금이라면 그 대목을 좀 더 알기 쉽게 설명할 수 있을 텐데."

그러나 그 대목이 어느 부분인지는 알려지지 않았다.

아인슈타인이 손으로 쓴 그 사본은 경매에서 600만 달러의 가격에 팔렸다. 또 하나의 원고는 인쇄 중에 있던 논문으로 550만 달러에 팔렸다. 지금은 모두 미국 국회도서관에 소장되어 있으며 일반상대성 이론의 원고는 예루살렘의 헤브라이 대학에서 보관하고 있다.

사회는 불안하고 어수선했지만 프린스턴에서의 생활은 비교적 평온했다. 아인슈타인은 검은 덧문이 달린 수수한 2층 목조 가옥에서 아내와 함께 살았다. 서재에는 미켈란젤로와 쇼펜하우어의 초상이 걸려 있었다. 아인슈타인은 그들을 "인간이 스스로의 힘으로 만들어 낸 이미지의 세계로 망명을 한 사람들"이라고 불렀다.

프린스턴에서 지낸 아인슈타인의 삶도 그림 같았다. 아침에는 산책을 했고, 가까운 거리에 있는 연구소까지는 걸어서 출퇴근을 했다. 미국에 정착하기 위해 시민권을 획득했지만, 스스로를 미국인이라고 생각하지는 않았다. 독일 시민권을 버린 열여섯 살 이후, 세 번의 국적을 취득했지만 국가는 그에게 무의미한 것이었다.

이 시기에 아인슈타인은 양자역학에 대한 연구에 몰두하게 된다. 양자역학에 관한 그의 연구는 그다지 좋은 결과를 낳지 못했다. 어지러운 시대적 상황 속에서 그가 연구를 하고 있던 통일장 이론은 전자로부터 행성에 이르기까지 우주 안에 있는 모든 작용을 지배하는 일반 법칙을 발견하는 것이었다. 단일한 방정식이나 공식으로 물질과 에너지의 보편적 속성들을 연관시키려고 했기 때문에 이를 '통일장 이론'이라고 불렀다.

그러나 아인슈타인의 동료들은 이런 이론에 이의를 제기하고 있다. 당시 빠른 속도로 발전하고 있던 양자 이론이 입자의 운동은 모든 측정에서 불확정하다는 원리를 밝혀냈기 때문이다. 단일한 입자의 운동은 그 입자의 속도와 위치를 동시에 측정할 때의 근본적 불확정성 때문에 단순하게 예측될 수가 없었다.

아인슈타인은 양자역학의 탁월성을 인정했지만 그것이 자신의 일반 상대성 이론을 반박하는 이론이라는 점 때문에 받아들일 수가 없었다. 그가 생각하는 우주는 정확하게 만들어졌으며 일정한 법칙 안에 움직이고 있는 것이었다. 그는 "신은 주사위 놀이를 하지 않는다"라는 말로 자신의 믿음을 표현했다.

그러나 대부분의 물리학자는 그를 따르지 않았다. 때문에 그의 마지막 연구는 소모적인 것이었다는 평가를 받았지만 가장 최근의 연구 결과는 아인슈타인의 이론에 일정 부분 손을 들어주고 있으니 과학에 대한 평가는 쉬운 것이 아니다.

한편 1932년 영국의 한 연구소에서 아인슈타인의 공식 $E=MC^2$이 실험에 의해 입증되었다. 공식이 발표된 지 거의 30여 년 만이었다. 질량이 거대한 에너지의 저장고라는 사실이 확인되자 사람들은 흥분했다. 그것은 다시 말해 한 줌의 모래도 몇 톤의 석탄 못지않은 에너지를 가지고 있다는 뜻이었다. 만약 이것이 실제로도 가능해진다면 인류는 감당할 수 없을 정도의 에너지를 얻게 되는 것이다. 석탄이나 석유와 같은 한정된 자원에 의존할 필요가 없어진다. 하지만 아인슈타인은 이 막대한 에너지원을 실제로 사용하기 위해 꺼낼 수는 없다고 말했다. 그 에너지를 꺼내기 위해 소모되는 에너지가 훨씬 더 크다고 생각했기 때문이다. 빈대 잡으려고 초가삼간 태우는 꼴이라고나 할까. 아인슈타인은 만약 핵에너지 개발이 성공한다면 그것은 태양을 에너지원으로 하지 않는 최초의 에너지가 될 것이라고 말했다.

그러나 $E=MC^2$을 증명한 연구소의 제임스 채드윅이 중성자(中性子)를 발견하면서 상황이 달라졌다. 중성자는 질량이 수소의 원자핵과 거의 비슷한 입자이다. 그 이전에 아인슈타인의 제자 실라드는 중성자의 위험을 정확히 언급했다.

1934년 이탈리아에서는 페르미가 원자핵에 중성자를 부딪치는 실험에 도전했다. 중성자는 전기적으로 중성이므로 원자핵으로부터 전기적 척력을 받지 않고 핵에 접근할 수 있기 때문이다. 그가 실험한 중성자는 우라늄 원자핵에 부딪쳐 핵을 분리시키는 데 성공했다. 그로 인해 페르미는 노벨상을 받았다. 그런데 우라늄의 원자핵이 분리되었다는 사실은 원자폭탄을 만들 수 있다는 가능성을 의미했다. 비슷한 실험은 베를린에서도 이루어졌다. 베를린의 카이저 빌헬름 연구소에서는 페르미가 우라늄 중성자를 부딪쳐 무엇을 만들어 냈는지 연구하기 시작했다.

1938년 9월 뮌헨 협정이 체결되었다. 체코슬로바키아(체코와 슬로바키아로 분리되기 전 연방국 이름)가 독일의 손에 넘어갔다. 1938년 11월에는 독일의 유대인에 대한 폭력이 시작되었다. 이러한 일련의 사실이 무엇을 의미하는지 과학자들은 재빨리 알아챘다. 그들 중 몇몇이 아인슈타인을 찾아갔다. 가장 좋은 우라늄 광석을 가진 광산은 벨기에령이었다. 그리고 벨기에 여왕은 아인슈타인과 깊고 오랜 친분을 유지하고 있었다. 그들은 아인슈타인을 통해 우라늄 광석이 독일로 수출되면 안 된다는 말을 전하려고 했다.

마침 아인슈타인은 휴가 중이었다. 요트 놀이를 즐기는 그에게 과학자들은 사태의 심각성을 말해 주었다. 그들의 말을 경청하던 아인슈타인은 마침 옆에 있던 바이올린을 연주하기 시작했다. 바이올린 연주는 그의 취미이자 무언가 깊이 생각하고 결정을 내려야 할 때 나오는 버릇이었다.

전쟁이 가까워지고 있음을 느낀 과학자들은 애초의 생각을 바꿔 아인슈타인에게 직접 루스벨트 대통령에게 이런 사실을 알리라고 권했다. 아인슈타인 정도의 명망 있는 과학자가 직접 위기에 대해서 말한다면 훨씬 대처가 빠를 것이라고 생각했기 때문이었다. 1939년 아인슈타인은 루스벨트 대통령 앞으로 한 통의 편지를 썼다. 보내는 사람의 주소는 '평화로운 나사우 해안에서'라고 되어 있었다.

우라늄 원소는 아주 가까운 장래에 새롭고 중요한 에너지원이 될 것입니다. 그런데 이 점에 관하여 정부의 경계와 신속한 행동이 필요하다고 생각됩니다. 나는 다음과 같은 사실을 알려드리는 것이 내 의무라고 믿습니다. 새로운 형태의 강력한 폭탄이 제조되고 있습니다. 이 폭탄은 단 하나만이라도 배에 싣거나 항구에 장치하게 되면 항구 전체뿐 아니라 주위의 지역 일부마저도 파괴할 위험을 가지고 있습니다. 현재 독일은 자신들이 점령하고 있는 체코슬로바키아 광산에서의 우라늄 판매를 금지하고 있습니다. 독일이 그런 조치를 취한 데에는 독일 국무차관의 아들이자 베를린의 연구소에 있는 폰 바이제커가 이미 우라늄에 대한 미국의 연구 일부를 뒤쫓아 시험하고 있기 때문이

아닐까 생각됩니다.

우라늄을 분리하여 폭탄을 제조하는 방법은 아직까지 성공하지 못했다. 그러나 독일에서 우라늄의 반출을 금지한 점, 국방을 담당하는 이의 아들 중에 우라늄을 분리하여 폭탄으로 제조할 만한 실력자가 있다는 점 등은 독일에서 먼저 그 폭탄을 제조할 수도 있다는 가능성을 의미하는 것이었다. 그러나 아인슈타인은 이 폭탄이 실제로 제조 가능하리라고는 여전히 믿지 않았던 듯하다. 그는 대통령에게 보내는 편지에 "그러나 그와 같은 폭탄은 너무 무거워서 항공기로는 운반하는 것은 불가능합니다" 하고 덧붙였다.

하지만 편지를 받은 루스벨트 대통령은 즉시 우라늄 자문위원회를 설치했다. 이른바 맨해튼 계획이 시작된 것이다.

맨해튼 계획은 제2차 세계 대전 중에 이루어진 미국의 원자폭탄 제조계획이다. 독일보다 앞서서 원자폭탄을 만들기 위하여 정부기구인 '우란(Uran)자문위원회'를 설치하고 이듬해부터 영국과 연구 내용에 대한 정보 교환을 시작하였다. 최고의 과학자들이 참여한 위원회였던 만큼 연구 결과도 빠르게 진행되었다. 1942년에는 시카고에서 페르미가 최초의 인공적인 핵 불꽃을 만들어 냈고, 이로부터 3년 후에 원자폭탄 제조에 성공했다.

그러나 전쟁이 끝난 후에 밝혀진 사실에 따르면 독일은 원자폭탄 실험에서 이렇다 할 성과를 거두지 못했다. 전쟁 상황이 가져온 극도의 견제가 가공할 만한 무기를 서둘러 탄생시키는 어처구니없는 결과를 가져온 것이다.

1945년 7월 16일 뉴멕시코에서 사상 최초의 원자폭탄 실험이 이루어졌다. 그리고 20일 후 또 한 개의 원자폭탄이 히로시마 상공에서 폭발했다. 이 사실을 아인슈타인에게 알린 것은 그의 비서였다. 라디오 뉴스를 통해 히로시마 원폭 투하를 알게 된 비서는 마침 차를 마시기 위해 내려온 아인슈타인에게 이 사실을 알렸다. 그는 매우 비통한 신음을 내뱉었다. 그는 이 사건에 대해 두고두고 책임을 통감했다.

―그날은 내게도 슬픈 날이었다. 내게도 책임이 있다.

루스벨트에게 폭탄 제조의 가능성을 시사하고 그 위험을 경고하는 편지를 보내기는 했지만 아인슈타인은 원자폭탄을 제조하는 작업에는 직접 참여하지 않았다. 사실 그런 폭탄을 만드는 것이 정말 가능할까에 대해서 다소 회의적이었다. 그러나 기초가 되는 공식을 발견한 것도 그였고, 폭탄을 먼저 제조해야 할 필요성을 주장한 것도 그였다. 또한 그는 전쟁 기금을 마련하기 위하여 자신의 논문을 팔아 기금을 보태기도 했다. 때문에 그의 이름은 원자폭탄과의 연관성에서 결코 자유로울 수 없었다. 자신이 인류를 파멸시키는 이론적인 뒷받침을 했다는 사실은 세계 평화를 위한 그의 책임감을 더욱 견고하게 만들었다.

원자폭탄의 어마어마한 파괴력에 그는 큰 충격을 받았다. 그것을 만들어 낸 인간에 대해서도, 그것을 다시 인간을 향해 투하한 행위에 대해서도 그는 몸서리치는 섬뜩함을 느꼈다.

3차 세계 대전이 일어난다면 전쟁은 어떤 모습을 띠게 될지 모르겠다. 하지만 4차 세계 대전에 대해선 확실하게 말할 수 있다. 아마도 인류는 막대기와 돌멩이를 들고 싸우게 될 것이다.

핵이 전 세계를 폐허로 만들 수 있다고 생각한 그는 미래의 원자탄 사용을 막을 방법을 찾고 있었던 과학자들과 힘을 모았다.

"우리 과학자들은 무엇을 할 것입니까? 과학은 정치의 도구가 되었습니다. 진리와 평화를 위해 쓰여야 할 과학이 인류의 생명을 위협하고 있습니다. 그냥 앉아서 보고만 있어서 되겠습니까?"

아인슈타인이 생각해 낸 것은 미국, 영국, 러시아가 함께하는 세계 정부의 수립이었다. 그 기본 골자는 물론 더 이상의 핵 실험과 연구를 중단하자는 것이었다. 미국, 영국, 러시아 세 열강 모두가 현재까지 진행된 핵 연구로 얻은 모든 성과를 버리고, 더 이상의 실험과 연구를 중단하자고 했다. 평화를 위해 군대 창설을 거부했던 평화주의의 또 다른 연장이었다. 그러나 핵의 공포를 본 권력자들은 그것이 곧 또 다른 권력이 되어 줄 것임을 이내 깨달았다. 권력을 추구하는 이들에게 세계 평화는 무의미한 것이었다.

두 번의 세계 대전을 통해 아인슈타인은 권력과 인간의 본성에 대해 깊은 회의를 느꼈다. 2차 세계 대전이 끝난 1945년 패배한 독일은 그가 전쟁 중에 탈퇴했던 학술원에 재가입할 것을 제안했다. 아인슈타인은 단호하게 거절했다.

"독일은 유럽에 있는 나의 동포를 학살했습니다. 나는 독일인과는 아무런 관계도 가지고 싶지 않습니다."

1949년, 카이저 빌헬름 연구소의 후신인 플랑크 연구소의 명예소원으로 복귀하도록 요청받았을 때 그는 더욱 단호한 태도를 보였다.

"독일인의 범죄는 문명 제국의 역사가 이제까지 보여 준 것 중 가장 끔찍합니다. 독일의 지식 계급이 보여 준 행동은 폭도보다 나을 것이 없습니다. 그럼에도 여전히 후회도 반성도 할 줄 모릅니다. 이런 상황에서 나는 독일의 공적 사회를 구현하는 데 참가하는 것에 혐오를 느낍니다."

죽을 때까지 그는 독일과 화해하지 않았다. 1951년에 서독 정부가 수여한 평화 훈장도 거절했다.

나이가 들수록 아인슈타인은 세상으로부터 점점 더 고립되어 갔다.

아인슈타인이 프린스턴으로 온 지 3년 만인 1936년에 아내 엘자가 세상을 떠났다. 가정을 지키는 일에만 충실했던 엘자였지만 그즈음에는 아인슈타인에게 적지 않은 힘이 되었다. 물리학은 함께할 수 없었지만 2차 세계 대전을 전후해서 아인슈타인이 독일의 망명자를 구제하기 위해 벌인 일은 함께 도울 수 있었다. 아인슈타인은 평소에 엘자에게 따뜻한 모습을 보이지 않았지만 그녀가 죽음에 임박하자 극진하게 간호했다.

1948년에는 첫 번째 아내였던 밀레바가 세상을 떠났다. 이혼한 후로 아인슈타인은 두 아들과도 자주 만나지 못했다. 밀레바가 세상을 떠나던 해 아인슈타인 자신도 개복수술을 받았다. 검사를 위한 수술이었는데 복부 대동맥의 확대라는 진단이 내려졌다.

그보다 앞선 1946년에는 여동생 마야가 뇌졸중으로 쓰러졌다. 쓰러진 이후 마야는 침상에서 일어나지 못했다. 마비 증세로 혼자서는 몸을 움직일 수 없었다. 그녀를 돌본 사람은 아인슈타인이었다. 복부 대동맥 검사를 위한 수술 후에 플로리다에서 잠시 요양을 하고 있던 아인슈타인은 동생 소식에 서둘러 프린스턴으로 돌아갔다.

밤마다 아인슈타인은 마야에게 고전 명작을 읽어 주었다. 마야의 지능은 점점 쇠퇴하는 중이었기 때문에 오빠가 읽어 주는 책을 이

해하는지조차 알 수 없었다. 그녀가 하는 말 가운데 알아들을 수 있는 말도 드물어졌다. 그러나 아인슈타인은 마야가 투병 생활을 하던 6년 동안 그녀 곁을 지켰다. 아마도 그가 살면서 끝까지 아끼고 사랑한 여자가 있었다면 그것은 바로 누이동생 마야였을 것이다.

그런 만큼 마야가 세상을 떠나자 아인슈타인은 누구도 상상할 수 없을 만큼 큰 슬픔에 잠겼다. 사랑하는 사람들이 하나둘 자신의 곁을 떠나면서 그는 무기력함에 빠졌다. 1952년 6월 6일 사촌누이에게 보낸 편지에는 그의 심정이 그대로 드러난다.

더 이상 연구를 하기는 힘들 거 같아. 아마 나는 이제 원로(元老)나 유대 성자의 역할을 하는 걸로 만족해야 할 거 같아.

실제로 아인슈타인은 이스라엘이 세워진 후에 초대 대통령 자리를 제안받기도 했다. 그러나 아인슈타인은 이를 정중하게 거절했다. 정치는 그의 몫이 아니었다. 아인슈타인은 "정치는 순간을 위한 것이다. 방정식은 영원을 위한 것이다"라고 말했다. 그는 말년의 대부분을 평화를 위한 정치 활동에 동참했지만 자신의 본질은 과학자로 머물고 싶어 했다.

또한 자신의 생이 얼마 남지 않았다는 사실도 느끼고 있었다. 그는 최선을 다해서 살았고, 자신이 살아온 삶에 미련도 후회도 없었다. 복부 대동맥으로 고생하면서 그는 이를 위해 특별한 치료를 받지 않았다. 아인슈타인은 죽음이 '자신이 오래전 갚지 못한 빚'처럼 느껴진다고 말했다.

이 시기에 벨기에 여왕에게 보낸 편지에는 죽음을 느끼고 있는 한 노인의 외로운 심정이 잘 드러난다.

나이를 먹으면서 기이하게도 인간은 이곳은 물론 지금과도 긴밀했던 결합을 잃어 갑니다. 차츰 자신이 홀로 무한 속에 놓인 것처럼 느끼게 되고, 아무것도 바라지 않게 됩니다.

죽음이 임박했음을 느낀 아인슈타인은 무척 담담하고 평온하게 행동했다. 그는 나날이 쇠약해져 가는 자신을 걱정하는 주위 사람들을 오히려 위로했다.

"사람은 누구나 언젠가는 죽어야 하는 법입니다. 그것은 자연이 종자의 생명을 보존하기 위해 사용되는 수단이기도 합니다. 때문에 죽음에 대한 공포는 온갖 공포 가운데서 가장 부당한 것입니다. 이미 죽었거나 아직 태어나지 않은 사람만이 죽음을 피할 수 있습니다."

1955년 2월 친구 미셸 베소가 세상을 떠났다. 그리고 두 달 후 아인슈타인 또한 병세가 깊어져 병원에 입원했다. 병원에 입원한 아인슈타인은 안경과 종이를 가져다 달라고 부탁했다. 끝내지 못한 계산을 하기 위해서였다. 그리고 이스라엘을 위한 평화 서명안에 사인을 했다.

1955년 아인슈타인은 프린스턴 병원에서 잠을 자다가 숨을 거두었다. 숨을 거두는 전날까지 그는 통일장 이론에 대한 계산을 하고 있었다. 이것은 아인슈타인이 세상에 남긴 마지막 필적이 되었다.

아인슈타인이 세상을 떠난 후에 소련은 그의 과학 저작권집 4권을 출판했는데, 현재로서는 세계에서 유일한 아인슈타인 전집이다. 또한 미국에서는 그의 이름을 기념한 아인슈타인상(賞)을 마련하여 해마다 두 명의 과학자에게 시상하고 있다.

아인슈타인이 남긴 $E = MC^2$

내가 이루고 싶었던 것은 부족한 능력으로나마 진리를 추구하고 모두의 즐거움을 앗아가는 위험을 막을 수 있는 정의를 실현하는 것이었습니다.

아인슈타인이 죽기 며칠 전에 쓴 편지에 있는 문장이다.

아인슈타인의 삶을 살펴보는 것은 20세기의 역사를 살펴보는 것과 같다. 유대인 학살, 이스라엘의 건국, 원자폭탄의 개발 등 정치적으로 민감한 모든 사안에서 그의 이름을 발견할 수 있다. 만약 아인슈타인이 정치적으로 조금 편안한 시대에 살았다면 어땠을까.

30대를 전후한 나이에 우주의 비밀을 가장 가깝게 엿보았던 천재 물리학자는 노년에는 과학자로서 뛰어난 업적을 성취하지 못했다. 물론 그가 이미 이루어 놓은 업적만으로도 그는 과학의 발전을 이미 몇 세기나 앞당겨 놓았다. 그로 인해 물리학의 발전 속도는 비약적으로 빨라졌다. 오늘날 유용하게 쓰이는 레이저 빔의 제작과 융합 기계, 그리고 우주 프로그램은 모두 아인슈타인의 이론을 기초로 하여 만들어진 것이다.

그러나 아인슈타인은 자신이 발표한 이론이 가지고 있는 결함을 파악하고 있었다. 그 결함을 보완한 통일장 이론을 완성시키는 것은 오랜 숙제였다. 그러나 그가 죽을 때까지 계산을 하던 통일장 이론은 성공적인 평가를 받지 못했다. 그는 그것이 자신의 부족한 수학 능력 때문이라고 생각해서 절망에 빠지기도 했다.

그러나 그의 연구를 가로막은 것은 수학 능력이 아니라 어쩌면 암울한 시대 상황이었는지도 모른다. 그는 과학자로서의 사명 못지않게 인간으로서의 존엄을 지키기 위한 의무에도 게을리하지 않았다. 아인슈타인의 이론이 단지 과학에만 쓰인 것이 아니라 문학과 철학에도 영향을 미친 것은 과학에 대한 그의 사고가 인간에서부터 출발하고 있기 때문이다. 우주와 인간에 대한 그의 이해는 실로 넓고 깊은 것이었다.

흔히 아인슈타인이 20세기를 21세기로 쏘아 올렸다는 평가를 하는데 이것은 단지 과학에만 해당되는 것은 아니다. 우리의 사고가 우주의 영역으로 확대되었다면 그것은 어느 정도 아인슈타인의 공로라고 할 수 있다.

그의 마지막 연구는 호의적인 평가를 받지 못했지만 최근에 나사의 인공위성은 우주 공간의 절대 0도 바로 위의 원시 온도가 보편적으로 펼쳐져 있다는 사실을 증명했다. 이 말은 우주가 빅뱅 이후에 발생한 일종의 잔광과도 같은 것임을 입증하는 것으로 우주의 기원에 대한 아인슈타인의 견해가 유효하다는 증거이기도 하다.

그런 면에서 보면 아인슈타인의 삶은 그 자신이 발견한 공식 $E=MC^2$에 부합한 것이라고 할 수 있다. 그는 자신을 태워 홀로 빛을 내는 별처럼 예리한 직관과 쉼 없는 연구로 우주의 비밀을 밝혔고, 그 빛의 세례를 통해 과학은 더욱 새롭게 발전하고 있기 때문이다.

인간 아인슈타인과 물리학의 세계

아인슈타인이 발표한 상대성 이론에 대해서 들어 보지 못한 사람은 거의 없을 것이다. 하지만 그 내용을 이해하고 있는 사람은 거의 없다. 그 내용이 어찌나 어려운지 아인슈타인의 상대성 이론이 발표됐을 때 『뉴욕 타임스』는 전 세계에서 상대성 이론을 이해할 수 있는 사람은 열두 명 정도에 불과할 것이라는 기사를 내보내기도 했다.

하지만 그렇게 어려운 이론을 발표했는데도 사람들은 오히려 아인슈타인을 통해 과학에 대해 더 가깝게 느끼고 사랑하게 되었다. 아인슈타인은 언제나 "과학이란 우리가 일상적으로 고민하는 문제들을 세련되게 표현한 것에 불과하다"고 말하곤 했다. 실제로 그는 우리가 생활하면서 접하는 아주 쉽고 사소한 현상을 바탕으로 거대한 우주와 물질 운동의 근원 법칙을 밝혀냈다.

아인슈타인은 흔히 물리학자로 알려져 있는데, 세분해서 설명하면 이론물리학자라고 말하는 것이 옳다. 물리학이 무엇인지 잘 알지 못하는 사람들을 위해, 그리고 아인슈타인의 업적을 보다 자세히 알기 위해서는 그가 연구한 분야에 대해서 알아보는 것이 좋다.

물리학은, 쉽게 설명하면 자연현상의 법칙에 대해 연구하는 학문이다. 여기서 말하는 자연현상이란, 꽃이 피고 나무가 시드는 것처럼 생명을 가진 자연의 변화가 아니다. 물체가 위에서 아래로 떨어지는 현상, 일정한 거리에서 다른 방향으로 빛을 쏘는 동시에 큰 소리를 내면 빛이 먼저 도착하는 것과 같은 '자연적인 현상'이다.

물리학은 이런 현상을 보면서 물체는 왜 위에서 아래로 떨어지는지, 달리는 버스가 갑자기 멈추면 차에 타고 있던 사람들은 왜 균형을 잃게 되는지, 빛과 소리는 어떤 형태로 이루어져 있는지 등을 연구하는 학문이다. 물리학자들은 실험이나 수학 공식을 통해 이런 현상의 원인과 결과를 증명해 낸다. 이렇게 해서 정리된 물리학의 법칙은 집을 짓거나 자동차를 만드는 등 실제 생활에 쓰이기도 하고, 우주선을 쏘아 올리거나 우리가 보지 못한 우주의 기원을 연구하는 데에도 쓰인다.

이처럼 물리학자들이 연구한 내용을 바탕으로 실생활에 도움이 되는 기술이 개발되기 때문에 물리학을 기본 학문이라고 한다.

물리학은 모든 자연현상을 관찰하고 연구하기 때문에 그 범위가 상당히 넓다. 현미경으로도 관찰하기 힘든 아주 작은 미세 입자가 운동하는 방식을 연구하기도 하고, 우주를 떠도는 거대한 행성들의 움직임을 연구하기도 한다. 재미있는 것은 아주 작은 입자도, 거대한 행성도 똑같은 규칙을 가지고 움직인다는 사실이다. 우주 만물이 모두 일정한 규칙에 따라 움직이고 있다니…… 참으로 신비스러운 일이 아닐 수 없다.

물리학은 다시 이론물리학과 실험물리학으로 나뉜다. 실험물리학은 말 그대로 실험을 통해 물리적 현상을 증명해 내는 물리학을 말한다. 반면 이론물리학은 실험에서 얻은 사실이나 경험적인 법칙을 바탕으로 더 많은 가설을 세워 이론적 체계를 만드는 것인데, 이런 이론은 예상한 현상을 실험적으로 검증할 수 있을 때 그 타당성을 인정받는다. 이론물리학이 다루고 있는 분야는 실제적으로 실험이 쉽지 않은 거대한 우주나 현미경으로도 보이지 않는 미세 입자에 대한 부분이기 때문에 증명에 다소 시일이 걸린다. 자신이 세운 이론이 정말로 사실에 부합하는지를 바로바로 확인할 수 없기 때문에 더 어려운 작업이기도 하다.

그래서 과학자들은 과학에 대해 깊이 연구하면 할수록 신과 같은 절대자가 정말로 존재하는 것이 아닐까 생각하게 된다고 한다.

과학과 종교는 서로 아무런 관련이 없는 것 같지만 이렇듯 깊이 연구해 들어가다 보면 어떤 지점에서 만나기도 한다. 아인슈타인은 "종교가 없는 과학은 절름발이이고 과학이 없는 종교는 장님이다"라는 말을 남기기도 했다. 이 말에는 인간의 영역이 미치지 못하는 불가사의한 세계를 연구하는 과학자들은 언제나 오만하지 말고 겸손하게 자연현상에 대해 연구해야 한다는 뜻을 담고 있다. 물론 신에 대한 존경심 때문에 냉철한 판단과 논리를 잃어버려서는 안 된다는 의미도 담고 있다.

이렇듯 자연이 겉으로는 무척 복잡해 보이지만 실제로는 꽤 정교한 법칙에 의해 움직이고 있다는 사실은 한편으로는 매우 다행스러운 일이기도 하다. 만약에 작은 입자나 행성이 저마다 다르게 움직였다면 물리학자들은 지금보다 몇십만 배나 많은 수학 공식을 정리해야 했을 것이다. 또 그런 식으로 수레를 만들 때와 자동차를 만들 때 각각 다른 공식이 필요하다면 인류의 발달은 지금보다 훨씬 늦어졌을 것이다.

세상 만물은 신기하게도 크든 작든, 멀든 가깝든 일정한 공식에 의해서 움직이고 있지만 그 공식을 찾아내는 일은 쉽지 않다. 일단 공식이 발견되고 나면 모든 움직임의 원리가 다 이해가 되지만, 그 전에 겉으로 전혀 달라 보이는 두 가지 현상 사이의 연관성을 찾아내기란 결코 쉽지 않다. 땅 위를 굴러가는 수레바퀴와 머나먼 우주를 떠도는 행성 사이에 공통점이 있다고 누가 상상할 수 있을까.

　매우 작은 것과 아주 커다란 것을 동시에 이해해야 하기 때문에 물리학의 범위는 자연 넓을 수밖에 없다. 어렵게 공식을 발견하더라도 연구는 계속된다. 그 공식이 어떤 움직임에 적용해도 똑같은 결과가 나오는지 다양한 경우를 상상하여 끊임없이 검토하고 계산해 보기 때문이다. 특히 일식과 같은 천체 현상을 설명하는 공식의 경우는 몇 년 혹은 몇십 년에 한 번씩 오는 일식 주기에만 그 공식이 맞는지 틀리는지 확인할 수 있기 때문에 더욱 오랜 시간이 걸린다. 이론적으로는 맞는다고 해도 실제로 적용해서 틀린 결과가 나오면 그 공식은 버려지고 만다. 그렇기 때문에 물리학자들은 긴 시간 동안 지치지 않고 연구할 수 있도록 꼼꼼하고 성실해야 하며, 눈으로 보지 못한 것들까지도 정확하게 예측할 수 있는 직관이 뛰어나야 한다. 물리학에서 위대한 학자가 나오기 어려운 것도 어찌 보면 당연하다.

　아인슈타인은 뉴턴 이래 사람들이 백 년 가까이 풀지 못했던 문제의 원인을 실험에 의존하지 않고, 수학 공식과 그 자신의 치밀한 직관과 논리로 밝혀냈다. 바로 이 때문에 아인슈타인이 천재라고 불리는 것이다.

　아인슈타인의 성공을 시기하는 사람들은 그가 유명해진 이유가 단지 텔레비전의 영향 때문이라고 말하기도 한다. 아인슈타인이

활발하게 활동하던 시기는 전기와 라디오 그리고 텔레비전이 잇달아 발명된 시기이기도 했다. 매스 미디어의 탄생은 그의 활약을 보다 빠르게 전 세계에 알리는 역할을 했다. 덕분에 아인슈타인보다 앞선 세대의 과학자들에 비해 아인슈타인이 더 빨리 유명해질 수 있었던 것도 어느 정도는 사실이다. 그런 면에서 그는 운이 좋았다. 그러나 그가 자신의 명성을 쌓는 일에만 치중했다면 그렇게 오래도록 많은 사람에게 사랑받지는 못했을 것이다.

아인슈타인은 그저 물리학자로서만 유명한 것이 아니었다. 그는 물리학에서 쌓은 명성으로 누구보다도 앞장서서 세계 평화를 주장했다. 제도적인 교육을 비판하고, 자국의 이익을 목적으로 하는 전쟁을 반대했다. 그는 인간의 존엄성이 존중받지 못하는 모든 것에 대항하는 데 항상 선두에 섰다. 아인슈타인은 유명한 사람이었기 때문에 그의 주장은 다른 어떤 사람의 발언보다도 큰 영향력을 발휘했다.

그러나 그는 자신의 이름이 지니고 있는 힘을 개인적인 영광을 위해서 쓰지 않았다. 특히 후에 자신이 발견한 상대성 이론이 역사상 가장 위력이 센 폭탄을 만드는 데 기초로 쓰이게 되면서 그는 많은 죄책감과 책임 의식을 느꼈다. 그래서 그는 세계가 함께 평화롭게 살아가는 방법을 찾기 위한 다양한 운동에 동참했다. 말년에 죽음을 앞둔 아인슈타인이 마지막으로 사인을 남긴 것도 평화를 주장하는 성명서였다.

아인슈타인은 누구보다도 평화를 사랑하고 음악을 사랑한 재치 있고 소박한 사람이었다. 그는 바이올린 연주에 있어서도 탁월한 재능을 보였는데, 전문적인 음악가로 나설 만큼은 아니었지만 아마추어로서는 누구보다도 뛰어났다. 그래서 적지 않은 연주자들이 기회가 되면 아인슈타인과 함께 연주를 즐기고자 했다.

백발의 노인이 되어서도 천진한 아이와 같은 웃음으로 세상 모든 사람을 대했던 위대한 물리학자. 많은 사람의 사랑을 받고, 부와 명예를 모두 한 손에 거머쥐었지만 개인적으로는 쓸쓸하고 외로운 사람이기도 했다.

어린 시절의 아인슈타인은 골칫덩어리였다. 학교에서도, 집에서도 그는 조금씩 문제아 취급을 받았다. 천재적인 두뇌 따위는 기대할 수 없는, 조금은 엉뚱한 소년이었다. 성격은 밝고 싹싹했지만, 학업 성적이 좋지 않다고 꾸지람을 듣기도 하고, 학교에 가기 싫다고 꾀병을 부려 결석을 하기도 했다.

그런 소년이 어떻게 그처럼 위대한 사람이 되었을까. 사람들의 질문에 아인슈타인은 언제나 이렇게 대답하고는 했다.

"나는 단지 다른 사람들보다 호기심이 많았을 뿐입니다."

겉으로 보기에는 누구보다도 화려하고 성공적인 삶을 살았지만 실제로는 늘 고독하고 아이러니한 삶을 살았던 천재 물리학자의 일생은 어떤 것이었을까. 다정하고, 천진난만한 천재가 익히 알려진 그의 모습이지만 의외로 그는 변덕도 심하고 이기적인, 때로는 소심한 어른의 모습을 보이기도 했다.

작가의 말

나는 문과생이었다. 모범생도 아니었으니 수학을 잘했을 리 없다. 2차 방정식 이후의 수학 공식에 대해서는 기억나는 바가 없다. 솔직하게 말하자면 나는 수학 시간이면 책상을 빼놓고 교실 밖으로 도망 나가는 학생이었다. 내가 다니던 학교는 담을 넘으면 남산으로 올라가는 산책길이 있었다. 미분 적분에 가로막혀 흐르지 않던 시간이 그 길에만 서면 물처럼 흘렀다. 지금 생각하니 상대성 이론이 따로 없다. 사랑할 때와 미워할 때, 같은 시간도 서로 다른 속도로 흐른다고 하지 않던가. 물론 그 길을 걸으면서 아인슈타인을 떠올린 적은 없다. 사실 나는 과목으로서의 물리도 한 학기 정도밖에 배우지 못했다. 나와 같은 문과 여학생들은 대부분 그랬다. 물리는 문과생이 대학입학시험에서 좋은 점수를 받기 어려운 과목이기 때문이었다. 여전히 물리에 매력을 느끼지 못한다.

아인슈타인에 대해 써보지 않겠냐는 제안을 처음 받고서는 많이 당황했다. 인간 아인슈타인은 매력적이지만 그가 남긴 이론을 설명할 자신이 없었기 때문이다. 물리학 개론을 쓰는 일이 아니라 인물론을 쓰는 일이라고 생각해놓고도 한동안은 물리학 서적만 읽었다. 머리가 아플 거라고 지레 겁을 먹고 시작했는데, 막상 읽기 시작하니 물리학 입문서들은 의외로 매력적이었다. 상징과 은유, 사유와 철학을 숫자로 재해석하는 과정이 물리학이었다. 더러 나오는 공식과 숫자는 여전히 이해하기 어려웠지만, 그 속에 담긴 사유는 이해 못할 내용도 아니었다. 그래도 이해가 되지 않을 때는 어눌하고 소심하며 모자란 아이였던 아인슈타인이 성장하면서 만난 궁극의 우주를 뒤따라가며 엿보려 애쓰는 마음으로 쓰려고 했다. 타고난 그릇이 달라 그 우주를 온전히 이해하고 품을 수는 없었지만 조금은 훔쳐볼 수 있었다. 아인슈타인을 만난 덕분에 내 세계도 확장될 수 있었다.

"별이 빛나는 창공을 보며 지도를 읽고 길을 찾아가던 시대는 얼마나 행복했던가." 하고 20세기 초에 루카치는 말했다. 그런데 얼마 전 태평양 작은 섬 솔로몬 제도에서는 지금도 창공의 별을 보며 가야만 하는 길의 지도를 읽는 사람들이 있다는 걸 알았다. 그들이 별빛에 의존해 어두운 바다를 건너는 모습을 보면서 루카치의 문장 중 '시대'를 '사람'으로 고쳐 다시 생각했다. 별이 빛나는 창공을 보며 길을 읽을 수 있는 사람은 얼마나 행복한가. 아인슈타인은 분명 그런 사람이었다.

물리학에도 평전에도 전문가는 아니라서 책을 쓰면서 여러 참고 문헌과 사람들의 도움을 얻어야 했다. 그럼에도 그의 생애를 복원하는 데 모자란 부분이 많다. 이 책에 아쉬운 부분이 있다면 전적으로 저자인 나의 부족이다. 그 부족을 감싸주고 채워준 편집부에게 미안함과 감사를 전한다.

아인슈타인 연보

1879년   3월 14일 독일 울름에서 출생.

1880년   가족들과 함께 뮌헨으로 이주.

1881년   여동생 마야 출생.

1884년   아버지로부터 나침반을 선물 받음.

1885년   가톨릭계 초등학교에 입학. 바이올린 레슨 시작.

1888년   뮌헨의 루이트폴트 김나지움 입학.

1894년   가족이 이탈리아로 이주.

          아인슈타인은 학교에서 퇴학당하고 가족들과 합류.

1895년   스위스 국립 공과대학 입학시험에서 떨어짐.

          아라우 주립고등학교에 입학.

1896년   스위스 국립 공과대학 입학.

1900년   스위스 국립 공과대학 졸업.

          『아날렌 데어 피지크』에 모세관 현상에 대한 논문 발표.

1901년   스위스 시민권 취득.

1902년   스위스 특허국 입사.

          10월 아버지 헤르만이 세상을 떠남.

1903년	밀레바와 결혼.
1904년	첫 아들 한스 알베르트 출생.
1905년	특수 상대성 이론을 비롯하여 다섯 편의 중요한 논문 발표.
1906년	취리히 대학에서 박사 학위를 취득.
1909년	취리히 대학교 이론물리학 교수직을 맡음.
	특허국에서 사직함.
1910년	둘째 아들 에두아르트 출생.
1911년	프라하의 독일 대학으로 옮김.
1912년	스위스 국립 공과대학 이론물리학 교수로 취임.
1913년	베를린 대학과 카이저 빌헬름 물리학 연구소로 옮김.
1914년	가족과 스위스로 휴가 여행 중 1차 세계 대전이 일어나 가족과 떨어짐.
1916년	일반 상대성 이론 발표.
1919년	밀레바와 이혼하고 엘자와 결혼.
	영국 천문학회에서 빛의 구부러짐 현상을 증명하여 일반 상대성 이론이 입증됨.
1920년	어머니 파울리네 사망.
1921년	노벨상 수상.
	예루살렘의 헤브라이 대학의 기금 마련과 프린스턴 대학에서의 강연을 위해 첫 번째로 미국 방문.

1922년	일본 방문.
1923년	팔레스타인과 스페인 방문.
1925년	남미 방문.
	열렬한 평화주의자이자 간디의 지지자로 활동.
1930년	뉴욕과 쿠바를 방문.
	캘리포니아 공과대학에 체류.
1931년	옥스퍼드 대학 방문.
1933년	나치 정권 수립으로 독일 시민권 포기.
1936년	엘자가 심장과 신장 질환으로 오랜 투병 끝에 사망.
1939년	루스벨트 대통령에게 독일의 원자폭탄 제조에 관한 편지를 쓰고 서명.
1940년	미국 시민권을 획득.
1945년	일본 히로시마 원자폭탄 투하에 충격받음.
1946년	세계 평화를 유지하기 위한 세계 정부 창설을 주장.
1948년	밀레바 사망.
1951년	프린스턴에서 여동생 마야 사망.
1952년	이스라엘의 대통령직을 제안 받지만 거절.
1955년	4월 18일 복부 대동맥의 동맥류 파열 동맥경화증으로 별세.

빛의 아버지
아인슈타인

© 한지혜, 2004

초   판   1쇄 발행일   2004년 2월 9일
개정판   1쇄 발행일   2013년 2월 4일
개정판 22쇄 발행일   2026년 2월 20일

지은이   한지혜
펴낸이   강병철

펴낸곳   더이룸출판사
출판등록   1997년 10월 30일 제1997-000129호
주소   04047 서울시 마포구 양화로6길 49
전화   편집부 02) 324-2347 경영지원부 02) 325-6047
팩스   편집부 02) 324-2348 경영지원부 02) 2648-1311
이메일   jamoteen@jamobook.com

ISBN 978-89-5707-726-9 (44990)